朝日新聞の黙示録
歴史的大赤字の内幕

宝島特別取材班 編

はじめに

ついに朝日も――。2021年に入り、朝日新聞社は早期退職者の募集を始めた。45歳以上の社員に対して2023年度までに300人規模で実施するという。早期退職者制度の実施は他の日刊紙や通信社も例外ではないが、新聞界の地盤沈下がついに築地をも襲った格好だ。

朝日新聞社が早期退職募集を実施する背景として考えられるのは、業績の悪化だ。2016年に670万部だった部数は2020年には537万部に。およそ5年で130万部超の「激減」である。本業の売上高は当然、右肩下がりだ。

2020年9月中間期（4～9月）連結決算では、営業利益で92億円の赤字、純利益では419億円の赤字となった。2020年度通期の決算はこの本が店頭に並ぶ頃に発表される予定だが、創業以来の大赤字は免れない状況だ。

2014年に起きた「吉田調書」記事取り消し問題、慰安婦報道問題などを機に前社長が退き、同年12月に就任した渡辺雅隆社長（2021年3月退任）は、業績改善のために賃金カット交渉、新規事業の立ち上げに奔走したが、目論見どおりとはいかなかった。そして、7年前の「吉田調書」記事取り消し問題は、いまも経営陣、調査報道の現場に重い〝後遺症〟として影を落としていることがわかった。また、2020年6月に行われた株主総会では、会社の「憲法」である定款を変更し「社主制度」を廃止したが、このことは新たな問題をはらむのではないかと危惧される。

本業が停滞する一方で不動産ビジネスは好調であり、不動産など莫大な資産を有する朝日新聞社は、購読者数が伸びなくても会社として十分に存続できるだろう。しかし、ジャーナリズムの一翼を担う一番手としての自負があるならば、経営体質の改善に手を付けなければ、本当の危機が訪れるかもしれない。

時の政権に常に厳しいスタンスで対峙し、世間を揺るがすスクープをどこよりも報道してきたのは、朝日新聞ではなかったか。

宝島特別取材班

目次

はじめに 2

第一章 徹底検証！「朝日新聞社」大赤字の深層
——部数激減でも変わらない高コスト体質
平木恭一（経済ジャーナリスト）

2020年9月期の純利益は419億円の赤字 12
利益構造の検証——不動産がインテリを食わしている 14
経費構造の検証——平均1200万円超の「高給」は不変 22
資産構造の検証——無借金体質と1兆円に迫る資産 26
止まらない発行部数の減少 31
業績回復への道標①——日経新聞のビジネスモデル 34

業績回復への道標②――他社との提携　32

第二章　渡辺社長時代の迷走
――賃金カット交渉と新規事業の「汚点」　畑尾一知

第1部　なぜ利益が出なくなったのか　43
第2部　渡辺社長時代の迷走――賃金カットと新規事業　52
第3部　生き残るために何をすべきか　77

第三章　「東京五輪」と「夏の甲子園」――
朝日新聞の意外な〝アキレス腱〟　宝島特別取材班

初の五輪スポンサー　91

五輪マネーの実態 94
森喜朗委員長の「東京新聞外し」 96
高校野球は「社業」 98
特待生問題での朝日の〝問題記事〟 100
朝日が手掛ける「野球保険」ビジネス 104
やめるにやめられない 107

第四章

「最後の社主」への朝日新聞社の仕打ち
――「社主制度」廃止までの全舞台裏

樋田 毅（ジャーナリスト）

「社主制度廃止」を決める株主総会 111
もうひとつの社主家・上野家の思い 113
「歴史的役割を終えた」 117
21％超の大株主「香雪美術館」 120
村山家と朝日新聞の暗闘史 124

経営陣の説得で3分の2の株を手離す 127
極秘にされた遺言書 129
朝日の株式を持つ村山家の人間はいなくなった 131
朝日新聞社からの抗議文 134
抗議文への回答に返答はなし 137
『記者襲撃　赤報隊事件30年目の真実』出版騒動 140
「出口が見えないのです。私たちはどうすればいいのか？」 154
自らの歴史を大切にしない会社に未来はない 155

第五章　2014年の朝日新聞　第1部
――「吉田調書」「慰安婦問題」「池上コラム」の点と線

中川和馬

朝日を去ったエース記者たち 161
極秘の「公式調書」 163
「調書を読み込む過程で評価を誤った」 166

安倍政権誕生と「慰安婦報道」取り消し 168
池上彰氏が「謝罪もするべき」 171
スター記者への「死刑宣告」 175
「記事取り消し」は不当 179
担当編集役員が「池上コラムが最も重大な責任」 183

第六章　2014年の朝日新聞　第2部
――「吉田調書」記事取り消しをめぐる元記者との法廷闘争

中川和馬

消されたスクープ記事 188
「超ド級のスクープだ」 193
「命令」と言えるのか 196
「強く行け」「絶対に謝るな」 199
記者たちへの「事情聴取」 202
編集局幹部が「これは取り消しです」 206

担当記者が朝日新聞を提訴 210
「残念ながらそこは得られませんでした」 213
待機命令を知らない所員がいたことは知っていた 220
調査報道の現場に重い十字架 227

第七章 「東大卒」減少と「スター記者」不在に見る朝日ブランドの凋落

宝島特別取材班

朝日ブランドの象徴だった「東大卒」 235
そして東大生はいなくなった 239
「スター記者」不在 242
「天声人語」担当記者列伝 245
ホンカツと筑紫哲也 249
エリート集団が内包する内部崩壊のリスク 253

装丁／bookwall
本文ＤＴＰ／一條麻耶子

※本文中一部敬称略

第一章　徹底検証！「朝日新聞社」大赤字の深層

――部数激減でも変わらない高コスト体質

平木恭一（経済ジャーナリスト）

2020年9月期の純利益は419億円の赤字

朝日新聞社が2020年中間期（4〜9月期）連結決算で、9年ぶりに最終赤字を記録した。20年3月期に本業での儲けを示す営業利益が前年度に比べて3分の1以下に激減していたので予想されたことではあったが、トップの引責辞任につながったことで各紙が一斉に報じた。

中間期（20年9月期）は92億円の営業損失。将来の利益を前提に計上していた繰り延べ税金資産を取り崩した結果、当期純損失は419億円となった。21年3月期の期末決算では170億円の経常損失を予想しており、年度末の赤字決算は避けられない見通しだ。

赤字の原因は、いうまでもなく新聞の部数減による売上高の減少にある。朝刊だけを見ても、この6年間コンスタントに年間30万部以上減っており、20年9月時点で504万8000部。1年前は547万6000部だったから42万部以上のマイナスだ。これだけ購読部数が減れば、部数の多寡で価値が決まる新聞の広告収入も比例して減る。新型コロナウイルスの感染拡大で経済活動が停滞しており、企業広告の出稿減少が追い打ちをかける。

20年10月から21年3月までの半年間で業績は回復できたのか——。5月末には判明するが、ここ数年を見ても発行部数は回復基調になく、下期の売上高が上期（20年4〜9月）の売上高1390億円を上回ることは厳しい。仮に上期と同額に見積もっても年間売上高はその2倍の2780億円。決算期は異なるが、20年12月期での連結売上高3308億円を記録している日本経済新聞社の後塵を拝することは避けられない情勢だ。

いわゆる吉田調書や慰安婦問題を機に前社長が退いた14年12月に就任した渡辺雅隆社長は、中間期決算発表後の20年11月、赤字の責任を取って21年4月に退任すると明らかにした。インターネットの進展や少子高齢化、コロナなど業績不振の理由はあるが、在任中の6年間で業績改善できなかった経営責任は重い。

同社では3年後（2024年3月期）までに45歳以上の社員に対して300人の早期退職者を募る計画で、第一弾として21年5月末を退職日に100人規模のリストラを予定している。業績不振は新聞各社に共通しているが、「良識の朝日」も落日を迎える時がきた。本章では朝日新聞社の決算資料などを通じてその経営体質（構造）を分析・検証し、その行方を探る。

利益構造の検証――不動産がインテリを食わしている

利益の源泉である売上高の推移から見てみる。

過去5年間の売上高を見ると（図表1、2）、対前年度増減率で3％から5％台で減少している。この5年で660億円あまりの売上高を減らしており、中間期の落ち込みを考えると、2021年3月期の期末決算では3000億円を割り込む可能性がある。

単体の売上高の推移も連結とほぼ同じだが、親会社と子会社グループの力関係を示す「連単倍率」は20年3月期時点でそれまでと比べて0・05ポイント落ちている。連単倍率は一般に1倍を超えていると、連結決算の対象子会社の利益が企業グループの業績に貢献していると判断される。子会社が親会社を支えている構図で、倍率が大きいほど子会社のグループ内における影響力は高いが、減少すれば影響力は低

【図表1】朝日新聞の売上高推移（単位：百万円）

	2016年3月期	2017年3月期	2018年3月期	2019年3月期	2020年3月期
連結	420,069	400,994	389,489	375,020	353,608
対前年度増減率	▲3.7%	▲4.5%	▲2.9%	▲3.7%	▲5.7%
対前年度増減額	▲16,067	▲19,075	▲11,505	▲14,469	▲21,412
単体	274,827	262,393	255,272	245,482	239,647
対前年度増減率	▲4.8%	▲4.5%	▲2.7%	▲3.8%	▲2.4%
対前年度増減額	▲13,802	▲12,434	▲7,121	▲9,790	▲5,835
連単倍率	1.53	1.53	1.53	1.53	1.48

【図表2】朝日新聞社の売上高推移（単位：百万円）

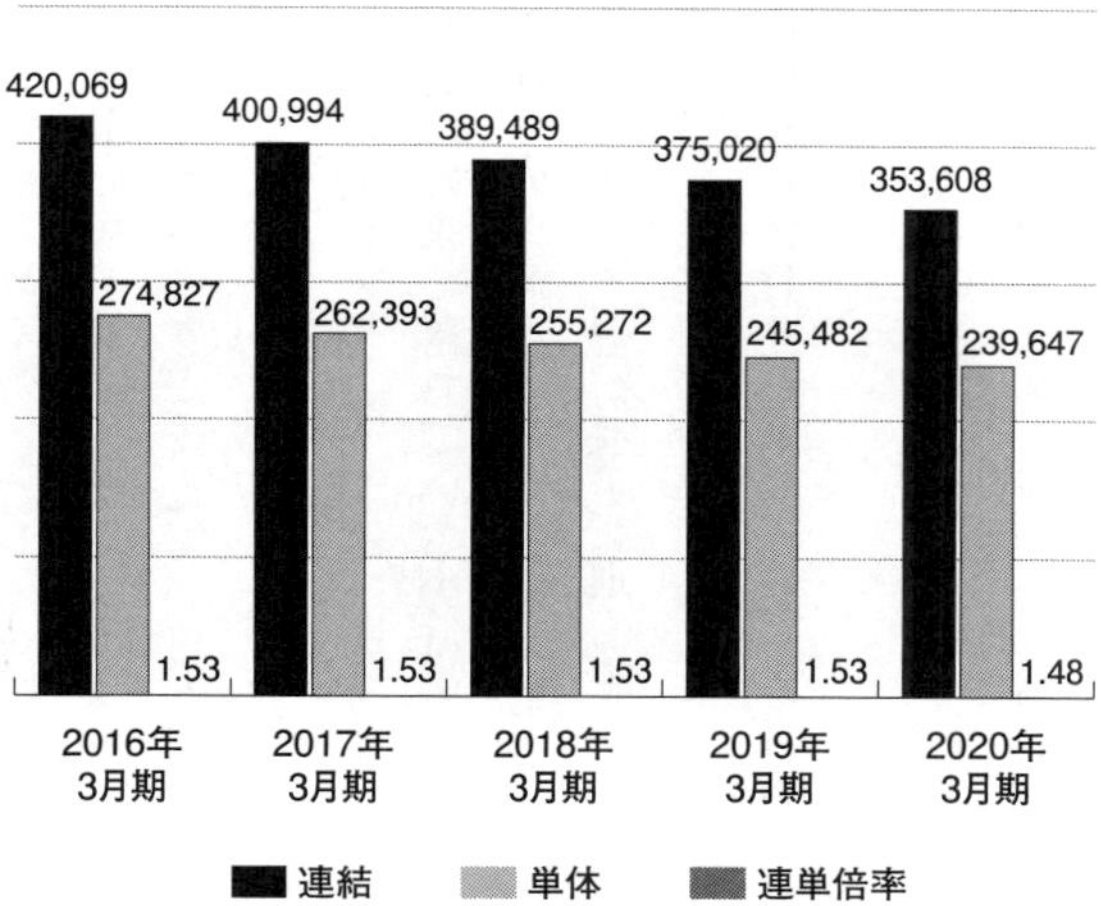

図表1、2とも出典：朝日新聞社　決算短信

下したといえる。

朝日新聞社はテレビ朝日を傘下に持つテレビ朝日ホールディングスや不動産関連企業など高収益企業を約40社抱え、親会社をグループが支えているが、連単倍率の低下は子会社群の貢献度が落ちていることを示している。親会社を支える子会社群の業績までも振るわないとなればグループ経営にとって黄信号。わずかな低下とはいえ、この4年間不変だった連単倍率がここに来て落ちているのは懸念材料だ。

20年9月期時点の連単倍率も1・35（連結売上高1390億円に対して単体売上高1027億円）とさらに下がっており、グループ力の低下が進んでいる。

事業別の連結売上高の推移（**図表3**）を見ると、新聞事業であるメディア・コンテンツ事業が稼ぎ頭だが、17年3月期から20年3月期までの4期でそれぞれ対前年度比145億～225億円の減収だ。

本業のメディア・コンテンツ事業の退潮が著しい。同事業の20年3月期の連結売上高は、前述のごとく対前年度比225億円のマイナス。新聞の部数減が原因と仮定して試算してみた。

朝刊部数を前年度(19年3月期)と比較すると39万2000部の減(**図表5**)。これを1カ月の購読料を4000円として計算すると、39・1万部×0・4万円×12カ月=187億円。187億円÷225億円×100=83%になり、単純計算だが、メディア・コンテンツ事業の売上減の8割を新聞事業で占める計算になる。

実際はメディア・コンテンツ事業には購読料のほかチラシなどの折り込み広告を含めた新聞広告収入が入ると思われるが、部数あっての広告。稼ぎ頭の新聞で売上高を落としていることに変わりはなく、広告収入も購読料と同様に減少しているはずだ。

営業利益は本業の儲けを表す大事な利益項目で、売上高から売上原価を引いた粗利益(売上総利益)から販売費および一般管理費(販管費)を差し引いた数値。メディア・コンテンツ事業の連結営業利益は20年3月期がマイナス49億円に転じた(**図表4**)。販管費が重くのしかかったということである。19年3月期は19億円の営業利益があったので、1年で68億円減った計算だ。

直近の数字で見ると、20年9月期の販管費は458億円で前年度同期と比べて1

【図表3】事業別の連結売上高の推移（単位：百万円）

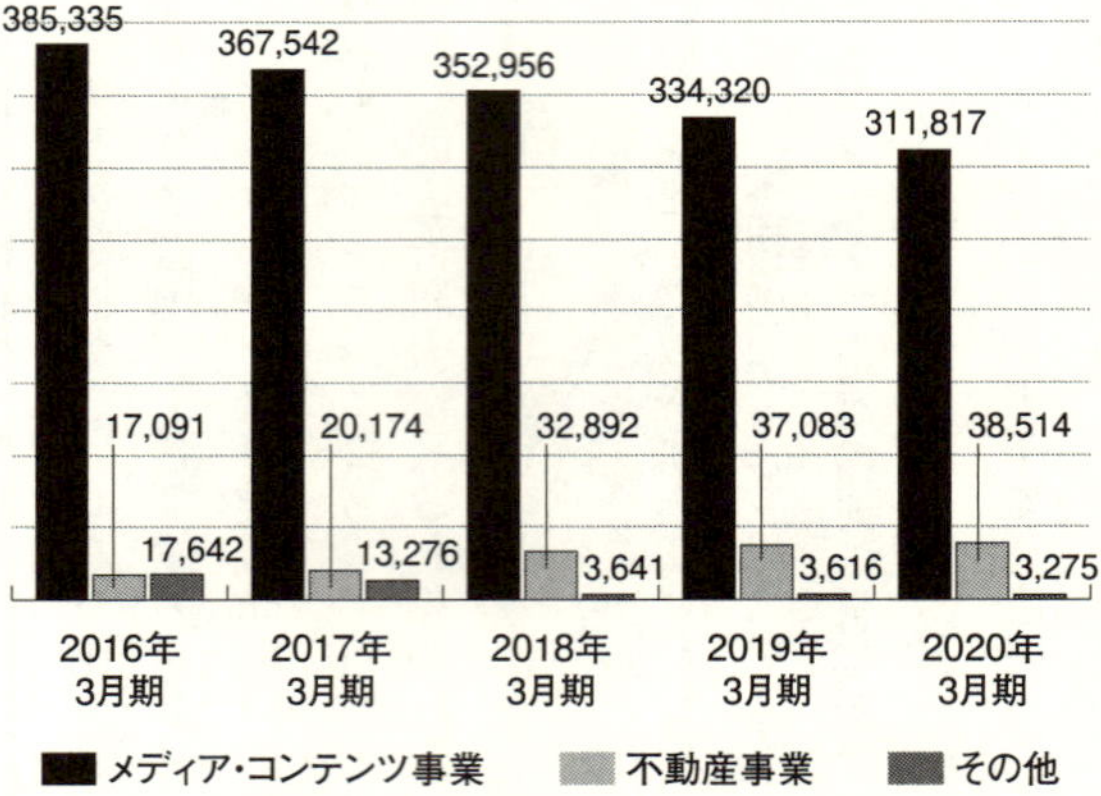

【図表4】事業別の連結営業利益の推移（単位：百万円）

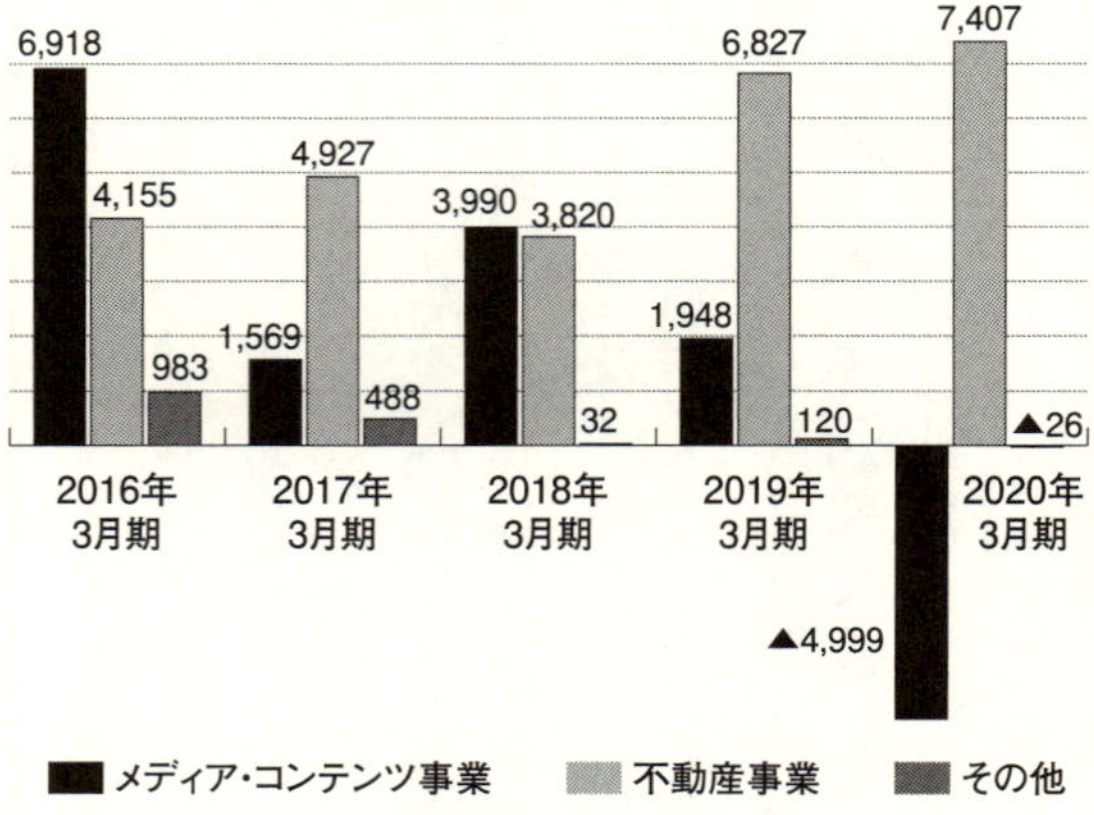

図表3、4とも出典：朝日新聞社　有価証券報告書

【図表5】朝日新聞の部数の推移（単位：千部）

		2016年3月期	2017年3月期	2018年3月期	2019年3月期	2020年3月期
朝刊		6,703	6,413	6,107	5,764	5,373
	対前年度増減	▲395	▲290	▲306	▲343	▲391
夕刊		2,186	2,026	1,893	1,787	1,645

出典：朝日新聞社　2020年3月期　有価証券報告書

億円しか増えていないのに、粗利益は100億円近く減っている。売上高で400億円の減少が響いており、販管費を低減できていない高コスト体質といえる。

小売などのサービス業ならば、売上高が下がれば人件費などの販管費を抑えて粗利益を確保し、営業利益を上げようと努力する。しかし朝日新聞社にそのような企業努力は見えない。とくに年間平均1200万円を上回る新聞記者の高待遇に、ほとんどメスが入っていないことが本業の儲けを減らし続けている大きな原因のひとつだ。

その減った売上分を補っているのが不動産事業だ。あとで詳述するが、朝日新聞社グループの営業利益の大部分は、東京や大阪の一等地に巨大な複合商業施設をドンと建て、そこから得られる賃貸収入に支えられている。この不動産収益がなかったら、同社はとっくの昔に死に体になっている。強引な購読勧誘が横行していた時代、新聞は「インテリが書いてやくざが売る」と言われた。いまは不動産がインテリを食わしている。

経常利益は、営業利益に本業以外での収益（営業外収益）と支出（営業外費用）を加減した額である。営業外収益には保有株式の配当金や預金利息などがあるが、最も大きいのは「持分法による投資利益」（持分利益）という項目。持分法適用会社の対象企業で保有株式の割合に応じて収益を加算できる（**図表6**）。

朝日新聞社はこれが業績に大きな影響を与えている。同社が21年3月期決算の見通しとして経常損失170億円と発表したのは、グループの業績を加味して少しでも損失を少なく見せるためだったのかもしれない。この中間期には持分利益は計上していないが、下期（20年10月～21年3月）の決算にはまとめて計上するだろう。

新聞報道などでは、決算書で一番下に位置する当期純利益を企業の最終利益（赤字の場合は純損失）として見出しに使うことが多い。このため、前述した持分利益などの営業外収益や、保有する株式・債券など有価証券を売却して益出しした特別利益を加算して最終的な損益をつくることがある。

【図表6】朝日新聞社の過去5年間の連結業績推移

（単位：百万円）

	2016年3月期	2017年3月期	2018年3月期	2019年3月期
売上高	420,069	400,994	389,489	375,020
対前年度増減	▲16,067	▲19,075	▲11,505	▲14,469
営業利益	12,088	7,017	7,874	8,910
対前年度増減	4,516	▲5,071	857	1,036
持分利益	5,105	6,404	6,331	5,109
営業外	6,717	8,208	8,048	7,124
経常利益	18,805	15,225	15,922	16,034
対前年度増減	5,646	▲3,580	697	112
当期純利益	3,945	8,846	12,020	10,977
対前年度増減	▲1,507	4,901	3,174	▲1,043

	2020年3月期	2020年9月期	2021年3月期予想
売上高	353,608	139,090	267,090
対前年度増減	▲21,412	▲40,321	▲86,518
営業利益	2,393	▲9,291	▲20,000
対前年度増減	▲6,517	—	—
持分利益	8,824	—	
営業外	10,692	1,105	
経常利益	13,085	▲8,186	▲17,000
対前年度増減	▲2,949	—	—
当期純利益	10,688	▲41,908	▲35,000
対前年度増減	▲289	—	—

出典：朝日新聞社　2020年３月期　有価証券報告書

21年3月期の経常損失予想170億円をもとに期末決算の数値を予想すれば、営業外収支を30億〜80億円と仮定して営業損失は200億〜250億円規模。当期純損失は特別利益のほか、コロナによる純損失などを計上するので予想は難しいが、350億〜400億円圏内とみる（**図表6**）。ただ、潤沢な有価証券や不動産資産を売却するなどして最終利益を確保する可能性もある。

経費構造の検証――平均1200万円超の「高給」は不変

朝日新聞社の給与水準が高いのはすでに知られたとおりだが、有価証券報告書における販管費の中の給料手当では足りない。売上原価にも充当させているのではないかと思われる。

従業員の給与は通常、人件費として販管費に含むことが多い。同社の2020年3月期決算短信で連結の販管費は908億円。この主な内訳は有価証券報告書に記載されており、給料手当は207億円。

一方、朝日新聞社のメディア・コンテンツ事業の従業員数（単体）は3945人で年間平均給与は１２２８万円（**図表7**）。これを基に計算すると同社の人件費は４８４億円で、連結の給料手当額を２０７億円上回る。２６０３億円の売上原価（20年3月期）の中に新聞社の人件費の５割以上を新聞発行コストとして入れているとみられる。連結の給料手当総額が単体の給料総額より少ないというのはありえないからだ。

こうした会計処理は決算短信を公開している日本経済新聞社も同じ。同社の19年12月期連結決算の販売費における給料手当は１４４億円。単体の「メディア・情報事業」の従業員数２４０７人の年間平均給与が１２５３万円で、人件費総額は３０１億円に上る。売上原価に取材経費や人件費の一部を盛り込んでいるのは間違いない。

さて、ここで算出した朝日新聞社の人件費４８４億円を、同社の20年3月期有価証券報告書に記載されている販管費の中の給与手当２０７億円と入れ換えて同社の販管費の内訳比率（20年3月期）を推定し作成した（**図表8**）。人件費と販売・発送費が販管費の約85％を占める。これでも新聞発行にかかる総コストとはいえないだ

【図表7】 従業員数（単体）

メディア・コンテンツ事業	2015年3月期	2016年3月期	2017年3月期	2018年3月期	2019年3月期	2020年3月期
従業員数	4,142	4,164	3,934	3,917	3,941	3,945
年間平均給与（万円）	1,236	1,244	1,213	1,208	1,208	1,228
人件費（百万円）	51,195	51,800	47,719	47,317	47,607	48,445
人件費の対前年度増減		605	▲4,081	▲402	290	837

出典：朝日新聞社　有価証券報告書

【図表8】 販管費の推定内訳

（2020年3月期 単位：百万円）

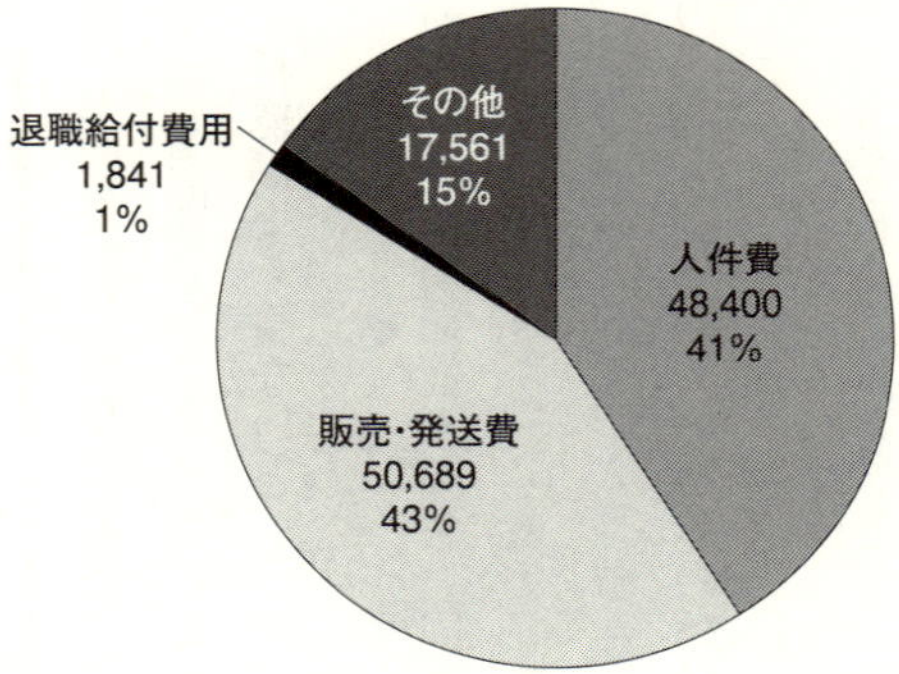

ろうが、新聞がいかに経費のかかる事業なのかがわかる。部数を減らしてでも新聞事業単体で生き残るには、この二大経費の圧縮が避けられないということでもある。

販管費で4割強を占める販売・発送費は、印刷・発行されても販売（宅配）されない、いわゆる「押し紙」が余剰コストになっているはずだ。ただ、下げ止まらない発行部数を押し紙で維持しないと、部数に連動している広告の料金単価を落とすことになりかねないので、押し紙にかかる経費は必要悪かもしれない。

販管費（連結）はこのところ減り続けているが、前述のとおり新聞社の人件費の半分以上を売上原価に入れていると思われるので、公表されている数値に少なくとも250億円は上乗せした額が実態的な販管費だろう。

新聞社単体の人件費は17～18年に減少している以外は前年よりも増えている年が多い（**図表7**）。毎年確実に30万部は減らしているにもかかわらず、給与はほぼ同水準で推移しており、20年3月期は逆に1人当たり年間20万円増加している。

新聞発行にかかるコストは給与だけではない。日刊紙の記者は〝夜討ち朝駆け〟が当たり前。社旗をなびかせ、ハイヤークラスの乗り心地抜群な社用車が国会や事件現場にたった一人の記者を乗せて疾走する。こうした取材コストは販管費とは別に、新聞発行経費として製造原価（売上原価）に潤沢にプールされているはずだ。

資産構造の検証――無借金体質と1兆円に迫る資産

天下の朝日新聞が現状の経営に危機感を覚えない背景には、潤沢な資金・資産の存在がある。同社の過去5年の決算短信で資産の状況を見てみよう（図表9）。

２０２０年３月期の資産では、主な資産で現金・預金が９０７億円、投資有価証券が１８９７億円、建物１４９５億円、土地５７６億円で合計４８７７億円。不動産資産（土地・建物）は地価の変動によって価額が上下するが、後述するように一等地に不動産を抱えているので実際の資産価値は数字以上に高いはずだ。

負債はこの５年間では短期借入金が６億～15億円、長期借入金80億円が目立つ程度。「退職給付に係る負債」とは、退職金支払いコストのこと。退職金支払い時期は何十年も先のことで総額を見積もるのが難しいため、毎年計算する仕組みになっている。朝日新聞の従業員の平均勤続年数は20年３月期現在で21年。居心地がよく

【図表9】資産と負債の状況（単位：百万円）

主な資産	2016年 3月期	2017年 3月期	2018年 3月期	2019年 3月期	2020年 3月期
現金・預金	71,316	77,627	74,972	81,408	90,712
建物	97,858	140,299	146,081	143,941	149,587
土地	61,744	59,266	59,079	58,656	57,666
投資有価証券	177,928	189,496	200,460	205,265	189,742
合計	408,846	466,688	480,592	489,270	487,707

連結総資産	605,226	611,502	607,664	614,114	599,162
連結純資産	316,419	333,429	373,551	382,368	375,380
自己資本比率	50.6	52.9	59.8	60.6	60.9

主な負債	2016年 3月期	2017年 3月期	2018年 3月期	2019年 3月期	2020年 3月期
短期借入金	1,540	1,350	650	650	90
1年以内 返済予定の 長期借入金	0	0	0	0	1,000
長期借入金	0	0	0	0	8,000
合計	1,540	1,350	650	650	9,090

退職給付に 係る負債	174,650	170,898	132,323	132,577	131,726

出典：朝日新聞社　決算短信

退職金も多いが、総資産が6000億円もある企業にとってその負担は重くはない。20年3月期で見ると、主な資産が4877億円に対し、主な負債は退職給付費用を入れても1407億円。資金繰りは充分すぎるほどの余裕がある。その余裕を裏打ちしているのが、不動産資産だ（図表10）。

賃貸不動産では、2012年11月に開業した中之島フェスティバルタワー（大阪市北区）が際立つ。地上39階地下3階。17年には地上41階地下4階の「ウエスト」ができてツインタワーが完成した。東地区にはフェスティバルホールがあり、朝日新聞社大阪本社も入居している。西地区（ウエスト）には高級ホテルなどがあり、東西両地区のオフィスゾーンには大企業の大阪支社などが入っている。また商業施設としても抜群の集客力を誇る。ウエストの帳簿価額は585億円だが、賃貸料を含めるとその何倍もの資産価値と収入があるのではないか。

中之島地区は、小泉純一郎内閣時代に都市再生特別地区に指定され、不動産活用面で規制緩和措置が取られた。朝日新聞社はそれを利用して容積率を1・6倍に増床申請。認可を受けてテナント料が上がり資産価値も大幅に上昇したといわれる。

【図表10】保有不動産および帳簿価額（単位：百万円）

賃貸不動産	有楽町センタービル●	4,703
	東京銀座朝日ビルディング	9,048
	有楽町駅前ビル（イトシア）	3,474
	X-PRESS有楽町（旧ラクチョウビル）	489
	赤坂溜池タワー	355
	中之島フェスティバルタワー・ウエスト	58,510
	千里朝日阪急ビル（豊中市）	1,627
	神戸朝日ビル	7,479
	札幌ANビル	1,306
	合計	86,991

日刊新聞など生産設備		
本社・支社	東京本社●	21,718
	大阪本社・中之島フェスティバルタワー★	38,764
	西部本社・リバーウオーク北九州★	899
	福岡本部・福岡朝日ビル★	4,414
	名古屋本社	552
	北海道支社・さっぽろ創生スクエア★	3,538
	総局・支社など取材拠点278カ所●	5,154
	販売店舗　販売拠点315カ所●	7,900
	合計	82,939

工場	座間工場	3,681
	川崎工場	7,887
	船橋工場	6,886
	堺工場	2,068
	阪神工場	4,320
	京都工場	1,074
	福岡工場	665
	北九州工場	164
	名古屋工場	1,226
	合計	27,971

注：①●は土地および建物の一部を賃借。
　　②★は賃貸不動産も。
出典：2020年3月期　有価証券報告書

フェスティバルタワーの建設はリーマン・ショック後の不動産不況のさなかに進められ、賃貸オフィスビルの前途は不安視された。しかしアベノミクスで地価が回復し、皮肉にも安倍政権批判を展開した朝日に追い風が吹いた。20年3月期も「ウエスト」に182億円の設備投資を実施している。

関東地区では17年に竣工した地上12階地下3階の東京銀座朝日ビルディングがある。アジア初上陸となったハイアットホテルが入居して話題になった銀座の新名所だ。商業施設を併設した賃貸不動産9棟の簿価は869億円。これに本社・支社で賃貸不動産を抱えている4カ所（**図表10の★**）の簿価を合計すると1346億円。20年3月期の有価証券報告書によれば、賃貸不動産の期末簿価残高は1352億円と、見合う数字になる。また、同報告書によると賃貸不動産の期末時価は4175億円。賃貸不動産は賃料収入だけでなく巨額の資産価値を有している。加えて全国の主要拠点にある工場や販売拠点、支社・総局などの取材拠点を合わせると、膨大な規模の不動産を所有しており、土地を担保にすれば、いくらでも借りられる大地主でもある。

朝日新聞社の20年3月期における主な資産（図表9）のうち、金融資産は2804億円（現金・預金907億円、投資有価証券1897億円）。賃貸不動産の時価が4175億円と賃料収入、それに全国各地の不動産の資産価値を加えると、1兆円近い資産規模になるのではないか。ほぼ無借金体質のうえにこうした潤沢すぎるほどの資産を抱えており、財務内容はまさに盤石そのものといえる。

止まらない発行部数の減少

早期退職者募集第一陣の100人リストラは、今年（2021年）1月12日から3月22日までが募集期間だった。本書が発行されるまでにその結果が公表されるかどうか現時点（4月2日）では不明だが、早期退職制度の実施は、他の日刊紙や通信社も例外ではない。

産経新聞社は19年に180人、毎日新聞社も同年に200人の早期退職者募集で人減らしを行った。共同通信社も20年に自然減や採用抑制などで300人規模のリストラを実施する方針との報道があった。

朝日新聞社は不動産事業で安定した利益を確保し財務内容に不安はないとはいえ、新聞社のレゾンレートル（存在意義）である新聞発行事業の衰退を傍観するわけにはいかない。

とにかく、発行部数はこのところ減少の一途をたどっている。日本新聞協会の調査によれば、20年の一般紙とスポーツ紙を合わせた発行部数は3509万部。前年より271万部減っている。朝刊単独部数で朝日新聞朝刊との対比を示したのが**図表11**だ。朝刊はこの3年間、毎年150万部程度減少し、朝日新聞朝刊も約30万～40万部の範囲で減っている。

20年で見ると朝日新聞の朝刊の減少割合は149万部における39万部で26％。朝刊シェアの19・9％は新聞朝刊読者の2割が朝日を選択していることを示しているが、世帯数で見ると20年が0・09部。100世帯中9部の購読にすぎない勘定になる。このまま毎年30万部減らし続けると将来は恐ろしいことになる。

業績回復のためには、戦略の策定が重要だ。高齢化でこれまでの購読者は確実に減少し、若い世代は活字離れで新聞と無縁だ。しかし政治や経済、文化・芸術、ス

【図表11】朝日新聞　朝刊部数の推移

年	朝刊単独部数		朝日新聞朝刊				世帯数
		対前年度増減		対前年度増減	シェア	1世帯当たり部数	
2020年	27,064,065	▲1,490,184	5,373,000	▲391,000	19.9%	0.09	57,380,526
2019年	28,554,249	▲1,439,403	5,764,000	▲343,000	20.2%	0.10	56,996,515
2018年	29,993,652	▲1,494,073	6,107,000	▲306,000	20.4%	0.11	56,613,999
2017年	31,487,725	▲401,674	6,413,000	▲290,000	20.4%	0.11	56,221,563
2016年	31,889,399	▲476,133	6,703,000	▲395,000	21.0%	0.12	55,811,969

出典：日本新聞協会、朝日新聞社有価証券報告書

ポーツなど、人が多くのジャンルで情報を入手する意欲は衰えることがない。それが紙の新聞に求められなくなってきつつあるということである。SNSで事足りると考える階層は、歳を重ねれば顧客になる可能性もあるが、情報発信事業者にとって当面は営業対象外だ。

この先実行するべきことは、短期かつ長期的に新聞社の情報提供を支持する階層とそれに対する部数を想定した市場分析をシビアに立てることから始まるのではないか。

業績回復への道標①――日経新聞のビジネスモデル

新聞・メディア事業がどこも苦しいかと言えば、そんなことはない。

決算を公開している日本経済新聞社と朝日新聞社の新聞・メディア事業の業績を比較してみよう。

日本経済新聞社の連結事業別業績と媒体資料に記載されている読者数（**図表12**）、朝日新聞社の連結事業別業績（**18ページの図表3**）を比べると、朝日の「メディア・コンテンツ事業」の売上高は3年間で平均185億円減らしているのに対して、日経の「メディア・情報事業」の売上高はこの3年間横ばいか微増だ。営業利益も朝日は5年前に70億円近くまであったが、2020年3月期はついに約50億円の営業赤字に転落した。その間日経は75億円、98億円、113億円と営業増益を記録して堅調である。

日本経済新聞社の新聞・メディア事業は、17年度から19年度の3年間で見ても、利益面で朝日に60億〜90億円規模で差を付けて推移しているのである。朝刊部数は朝日の537万部（20年3月期）に対して、223万部（20年1月時点）と半分以下

【図表12】日本経済新聞社の事業別業績と媒体別読者数

(単位：百万円、%)

連結

			2017年12月期	2018年12月期	2019年12月期
メディア・情報事業	売上高		353,432	350,399	352,230
		増減率	▲0.1	▲0.9	0.5
	営業利益		7,507	9,879	11,362
		増減率	16.2	31.6	15.0
その他事業（賃貸事業、旅行関連）	売上高		9,087	9,596	9,305
		増減率	▲2.6	5.6	▲3.0
	営業利益		3,005	3,084	2,914
		増減率	▲12.6	2.6	▲5.5

	2020年1月	2021年1月	増減
朝刊（千部）	2,236	1,993	▲243
プラス電子版（1千）	2,935	2,753	▲182
電子版有料会員（1千）	698	760	62
デジタル購読数（1千）	743	817	74

単体

		2017年12月期	2018年12月期	2019年12月期
メディア・情報事業	従業員数	2,497	2,642	2,619
	年間平均給与（万円）	1,221	1,263	1,253
	人件費（百万円）	30,488	33,368	32,816
	人件費の対前年度増減	—	2,880	▲552

出典：日本経済新聞社　有価証券報告書、媒体資料など

なのに、売上高・営業利益ともに日経は朝日を凌駕している。やりようによって、新聞・メディア事業は儲かるのである。

経済専門の日刊紙である日本経済新聞は法人購読に強く企業広告も多い。個人読者が大多数を占める朝日新聞との一律な比較は適切ではないだろうが、日経（Nikkei）平均株価を開発し公開している日経の独壇場は、朝日でも単独で切り崩すのは非常に厳しい。

また日経はＤＸ（デジタルトランスフォーメーション）の対応で他社に先んじた。数字がモノをいう経済の世界でもまれているだけに強い。電子版の有料会員数を公開しているのは日経だけで、他社は無料会員を含む数字。ここでも同社は電子版の有料会員を増やしており、このことが朝刊など紙媒体の部数減に一定の歯止めをかけていることが想像できる。

日経と同じ方法は展開できないが、朝日もＤＸによる改革は不可能ではない。電子版という、新聞を軸にして付加価値を付けることと、新規のＷＥＢメディアという二通りが考えられるが、前者の場合、日本経済新聞は朝刊に電子版を付けることで新聞の部数減を補完している。購読料が他社に比べて1000円近く割高な日本経済新聞にとって、紙の購読はやはり大事な収益源。徒《いたず》らに新聞媒体を軽視しているわけではないのだ。

朝日新聞もこの点は見習うべきで、朝夕刊と電子版とのセット売りにもう少し注力すべきだろう。日経も朝日新聞も新聞購読者の電子版の追加料金は同じ1000円だ。私見だが、朝夕刊など新聞購読料の口座引き落としの比率は各社ともまだまだ低い。販売店の集金を口座振替に切り替えることができれば、手続きが簡素化されて現行の愛読者が電子版有料会員として増加するのではないか。毎月の集金コストも減る。

朝日新聞、日本経済新聞ともに事業別業績の公開は連結決算のみ。これを使って単体の従業員数と平均年間給与で単体の新聞・メディア事業の生産性を正確に測るのは難しいが、あえて計算すれば、売上高のパーヘッド（従業員一人当たり）は朝日が3118億円（20年3月期）÷3945人で7903万円。日経は3522億円（19年12月期）÷2619人で1億3447万円。日経が一人当たり年間で55

00万円多く稼いでいる勘定になる。乱暴にいえば日経記者が朝日記者の1・7倍稼いでいるのだ。この生産性の開きを少しでも縮めることを当面の目標にしていいのではないか。

経済報道重視の日本経済新聞は記事全般が中立的であり、取り上げる情報の質量はやや異なるが、左傾的な紙面の朝日新聞との親和性は低くない。

ただし、わが国の証券市場で絶対的な影響力を持つ日経の情報メディア事業をすぐに真似ることは難しい。そこで考えられるのが他社との提携である。

業績回復への道標②——他社との提携

朝日新聞社は2014年に経済系の出版大手である東洋経済新報社との間でデジタルコンテンツにおける本格提携をスタートさせた経緯がある。その後の関係は明らかではないが、そのパイプが健在ならば将来、一歩踏み込んだ提携も可能性として残されている。

朝日は政治信条的にも近く、会社四季報など独自の情報コンテンツを持ち、経済報道に強みを持つ東洋経済に秋波を送っており、買収の意向があるとの観測は以前からあった。仮に実現すれば、経済紙の雄である日本経済新聞との差を縮められる。

減少の一途をたどる新聞事業を維持するには、経費削減も不可避。ただ新聞の製作は知識集約的な労働であり、闇雲にコストカットして取材力が低下するようなら逆効果だ。待遇はある程度維持して従業員数を減らし、生産性を向上させて利益を改善するのが肝心だ。

朝日新聞社は24年3月までに計300人を早期退職でリストラする。年収1200万として36億円の経費カットだ。これが丸々利益に反映することはないが、20年3月期にメディア・コンテンツ事業の連結営業利益は約50億円のマイナスだったから、この人員削減は大きな利益改善につながる。

さらに、新聞事業の可視化を進めて経営をガラス張りにし、改善努力とその結果が見えるようにすべきだ。非上場企業でありながら決算を公開している点は、読売新聞などのライバル社に比べ情報公開の点で日本経済新聞とともに評価されるべきである。そのうえで経営をガラス張りにして筋肉質の経営体質に転換するために、持株会社制にしてその下に新聞社、不動産関連会社などの主要な子会社を傘下に収める。

例えば押し紙は、小売業界でいえば廃棄ロス問題である。販売店に紙の回収会社が待ち構えているような悪習を即刻改め、新聞を真に必要な人に提供できるような体制をめざす。押し紙は発行部数を水増しして広告収入を維持する必要悪になってはいるが、それで部数がスリムになれば、それはそれで受け入れればいいのだ。同時にＷＥＢによる新聞発行の道を進めていく。

新聞社はときに社会批判も強烈に受けるが、非上場企業であり、創業者一族が支配権を握る一方、不動産資産など強大な財務力を背景に言論機関を維持してきた。経営改革を迫る外圧もとくにないので、体質改善は非常に難しい業種である。

購読者数が伸びなくても会社としては充分存続できる資産があるために、改善努力がいつも中途半端だった。しかし、不動産ビジネスで利益を追求するだけなら、新聞事業はきれいさっぱり捨て去ればいい。報道の一翼を担う一番手としての自負がある間に、経営体質の抜本改善に手を付けなければいけない。

第二章　渡辺社長時代の迷走
――賃金カット交渉と新規事業の「汚点」

畑尾一知

朝日新聞社が2020年9月期の中間決算（単体）で408億円の純損失を計上したことは、新聞業界を越えて大きなニュースになった。だが、関係者の間では、ここ数年は黒字が出るほうが不思議であり、近いうちに大幅赤字になるのは必然と見られていた。この決算報告の後の11月、渡辺雅隆社長は経営悪化の責任を取り、任期途中での退任を発表。中村史郎副社長が2021年4月、後任の社長に就任した。

なぜ、大幅赤字は必然だったのか、また今後再建のために何をなすべきか、をテーマに私見を述べたい。

私は1977年から2015年まで朝日新聞社で勤務した。主に販売局に所属していたが、他部局にも何度か異動した。現在は、一愛読者として朝日新聞と関係している。私は会社の現状に深甚な危機感を持っており、このままでは存続が危ういとさえ思っている。新聞が来なくなった朝を想像すると、背中に戦慄が走る。この先もずっと朝日新聞を読み続けたい。この思いは何百万の読者の多くも同じだろう。

この思いが朝日新聞にかかわる皆さんに伝わることを願いつつ、私が常々考えていることを披瀝しよう。

この小稿は次のように構成される。まず第1部では、利益が出なくなった主な原因を、①会社の中で行われている業務の多くが非効率的になっている、②販売店が不良在庫（残紙）を抱えている、という二つのことに求め、その現状を分析する。次に第2部で、渡辺前社長時代に目玉施策として取り組んだ、①社員の賃金一律カット、②新規事業の開拓について、その顛末を振り返る。最後の第3部では、利益が確保できる会社に生まれ変わるための方策を提案する。それは、①社内の全業務を仕分けしたうえで取捨選択し、組織全体を再構築する、②販売店の残紙の解消、である。

第1部　なぜ利益が出なくなったのか

近年の経営状況

1年前、朝日新聞社の2020年3月期決算（単体）では、売上高2396億円、営業利益2億円、当期純利益151億円、総資産4210億円、純資産2191億円、自己資本比率52％であった。その時点では、10期連続で純損益黒字となっていた。営業利益はほとんど捻出できなかったが、固定資産（主に工場用地）売却益77億円と子会社合併による抱合せ株式消滅差益121億円が特別利益として計上されたため、純利益は前年より大幅に増えた。だが、この特別利益は土地を売って現金に換える類いの操作の結果なので、実質的に利益を産み出したわけではない。

そして、2020年9月期の中間決算では、売上高1027億円（前年同期比▲15％）、営業損益赤字88億円、純損益赤字408億円となった。純損益が過去最悪の赤字となったのは、繰延税金資産328億円の取り崩しによる要因が大きい（繰延税金資産は、過剰に支払った税金が、将来利益を計上したときに戻ってくることを見込んで、資産として計上される。将来の収益力がなければ、資産として認められなくなる）。

過去5年の単体の売上高、営業利益、当期純利益は次ページのとおり（単位：億円）。

年度	売上高	営業利益	当期純利益
2015	2,748	79	30
2016	2,624	28	20
2017	2,553	36	53
2018	2,455	43	51
2019	2,396	2	151

ここ数年は発行部数の減少に伴い、売上も右肩下がりに落ちてきていた。それにもかかわらず、無理を重ねて営業利益黒字を続けた。しかし、現状はすでに臨界点に達しているので、これからは利益の捻出がますます困難になってくる。

利益が出ない主な原因は、二つあると考える。まず、根源的な問題として、売上の減少に応じた改革ができていないため、会社で行われている業務の多くが非効率的になっていることが挙げられる。もう一つは、会社の収益のなかで圧倒的な割合を占める販売収入が嵩上《かさあ》げされており、そのために売上が下方へ向かう圧力が強いことである。

この二点について説明する前に、新聞社のビジネスモデルについて簡単におさらいしておきたい。

新聞社のビジネスモデル

新聞社のビジネスモデルは単純だ。その主な収入源は、新聞購読者から得る購読料収入で、全売上の過半を占める。広告収入、不動産収入がそれに続き、それ以外は微々たる稼ぎしかない。近年は売上総額に占める不動産収入の割合が増えているが、これは過去の蓄積を運用して稼いでいるものであり、純正の事業とはいえない。

新聞事業の骨格は、記事出稿→整理・編集→制作・印刷・輸送→配達というラインである。このうち、印刷・輸送・配達はほぼ全面的に外注化されている。朝日新聞の最大の強みはコンテンツ制作力、つまり上質の記事を掲載する能力である。これ以外の競争力はないと言っても過言ではない。紙面の満足度によって購読者は安定的に顧客としてとどまり、またその評判が新たな購読者を引き寄せるきっかけになる。

朝日新聞の紙面のよさを理解し、日々新聞の閲読を楽しみにしている購読者が新聞社を支えている。100年以上にわたり新聞の発行を続けてこられたのも、購読者あってのことだ。そういう支持層が数百万人にも上るのは驚異的である。それだけの人を惹きつける力の源泉は、ある種のブランド力であり、これまで提供してきたコンテンツへの信頼度でもあるだろう。

そういう信頼に応えるために新聞社は最善の努力をしなければならない。〝購読者ファースト〟を徹底し、最良の紙面を提供することに専念するべきだ。

もちろん、世の中はデジタル化へ向かっているので、何が何でも紙にこだわれと言っているのではない。当然、コンテンツの提供方法のデジタル化への準備は必要である。

しかし、数百万人の紙の新聞の購読者を擁している現状では、まず本丸の新聞事業の再建に取り組むべきだ。それだけの顧客がついているうえに、大量一括生産ができる。これ以上は望めないビジネスモデルを持っていながら、利益が出ないのは異常である。まずそこを変えなければならない。

販売局のミッション

新聞社のなかで販売局は、会社の売上高の6割以上を占める購読料収入を安定して稼ぐ部門である。その収入はほとんどすべて販売店経由でもたらされる。そのため販売局の仕事の大部分は、販売店の実力を向上させ、購読者を維持・増加することに費やされる。

ほぼすべての購読者は販売店から宅配サービスを受けている。その満足度向上のためには、宅配サービスの質がきわめて重要である。宅配サービスができなくなるか、その品質が劣悪になれば、大多数の購読者は新聞から離れていくだろう。そういう販売店が続出すれば、新聞社はあえなく倒壊してしまう。したがって、戸別配達網の維持と強化が販売局の最大のミッションである。

そのように販売局は重要な役割を担っているが、最近ではその重要度は低下してきている。それは、販売部数への販売局のコミットが弱くなっているからである。購読者の数は、基本的に紙面と配達などサービスの質で決まる。だが、20世紀後半の時代は、各新聞社は値引きや景品の大量使用による勧誘競争にしのぎを削り、販売力の差が部数を左右した。この時期に読売新聞は圧倒的な販売力で部数を伸ばした。資金を販売に集中投下し、ついに1000万部を達成する。販売力の違いにより朝日と読売の部数に差がつき、今に至るまで縮まらない。

21世紀に入った頃から、訪問による勧誘が下火になり、販売力を発揮する範囲が狭まっていった。セールスの人数は激減し、購読紙の銘柄を頻繁に替える消費者も減っていく。そうなると、新聞購読者はそれぞれの紙面の好みで新聞を選ぶ傾向になる。その結果、相対的に販売力より編集力のほうが重要度を増すことになる。

利益が出ない理由①——朝日新聞社のカルチャー

この間に世の中は激変したにもかかわらず、会社の仕組みや働く社員たちの意識は従来のままだ。各部署に支出予算、要員数、成績査定などの枠が割り当てられ、既得権化している。組織の改編は頻繁に行われるが、各社員の業務自体が見直されることはまずない。そもそも経営や管理職が、全体の業務を子細に点検する仕組みがない。各人の業務は職人芸のように受け継がれ、〝見える化〟されていない。要するに、数十年来の会社の仕組みが温存されているのだ。

そういうカルチャーに染まっているので、各社員の意識はどうしても会社ではなく所属する部署に向く。会社の利益よりも部署の利益が優先される。そこに経営の統制はほとんど効いていない。それを変えないと会社は生き残れない。

利益が出ない理由②——残紙問題

もう一つ、同じように深刻なのは、販売店の残紙である。広く知られているように、現在の発行部数には相当量の水増しがあり、会社の売上には販売店で不良在庫になっている新聞の部数も含まれている。したがって、新聞社の本来の売上は何割か割り引かなければならない。割り引いた売上で計算すれば、実態は以前から赤字だった可能性がある。

もっとも、新聞業界における販売店の残紙は今に始まったわけではない。100年も前から、販売店が団結して発行本社に〝取引部数の自由増減〟を要求した、という記録がある。残紙は専売店制度が始まって以来つきまとってきた陋習《ろうしゅう》であり、この業界の宿痾《しゅくあ》ともいえる。とはいえ、問題はその水準である。21世紀を迎え、新聞を読む人が顕著に減ってきたころから、残紙の割合はジワジワと増えているようだ。

それほど長きにわたり既成事実化してきたせいか、社内には残紙に対する危機感がない。経営も残紙の存在を社内ではあえて隠そうともしていない。出版業界では、発行部数をかなり水増しして公表するのが常態となっている。そういう慣習になじんでいるせいで、この問題には寛容なのだろうか。

やや旧聞であるが、『週刊新潮』２０１５年3月5日号が、朝日新聞社の社内資料「２０１４年度ＡＳＡ経営実態調査報告書」をすっぱ抜いた。それによると、朝日新聞の実際の売れ具合を示す「発証率」が〈71・０％〉となっている。これは大雑把に言うと、残紙が3割あるということだ（※ＡＳＡは朝日新聞販売店の略称）。

新聞社の経営者は、「売れていない分も含めて販売店から新聞代金が入ってくるので、残紙があることは問題にならない」と考えているのだろうか。しかし、そんな状態が長続きするわけがない。残紙は販売店の経営を圧迫する。販売店網が破綻し、新聞を配る人がいなくなれば、そのときは会社も消滅する運命なのである。

以上、会社が赤字構造に陥っている根本的な二つの原因について概観した。それへの解決案は、第3部で詳しく述べたい。

第2部　渡辺社長時代の迷走——賃金カットと新規事業

渡辺雅隆氏は、慰安婦問題など一連の不祥事の責任を取って辞任した木村伊量《ただかず》社長の後任として2014年12月、社長に就任した。それから2021年3月末に辞任するまで6年余りその座にあった。

社長に就任した渡辺氏は、赤字転落を避けるために、①社員の賃金引下げ、②新規事業による増収をもくろむ。①で70億円、②で数十億円の収支改善によって乗り切ろうとした。しかし、この二つの施策はいずれも迷走していく。その顛末を振り返ってみよう。

賃カツ交渉の経過

会社が利益を捻出するのに苦しんでいるとき、その特効薬は社員の賃金カットである。それは直ちに損益改善につながる。その方法として、手っ取り早い全社員に対する一律賃下げを経営は選択した。賃カツをめぐり5年近くに及んだ労働組合との交渉経過を振り返ってみよう。

会社は2016年1月6日に賃金カット案を社員に提示した。その内容は以下のとおりだった。

〈人件費総額を2020年度に2016年度対比で約100億円減となるように設定した。内訳は、転進支援を除いて要員の自然減で30億円、給与・賞与の水準変更で約70億円。平均年収1293万円の朝日社員の年収を平均165万円カットしたい。〉

ところが、同年6月の夏季賞与をめぐる交渉で、それまでの賞与額算定の取り決めを会社側が一方的に破ったことに対し労組が反発、早くも賃カツ交渉は暗礁に乗り上げた。

1年余り冷却期間を置いて労使は再びテーブルに着いた。ところが、2017年夏、社長の舌禍事件が起こり、再び交渉は頓挫する。その問題発言は、社員向け説明会で飛び出した。

社長の失言

2017年7月に行われた社員向け説明会で、出席した社員が「賃下げは働いている社員やその家族に対して『この会社は未来がないぞ』という宣言だ。これによって人材がどんどん辞めていく」と発言した。これに対し渡辺は、「辞めるのは自由ですから、嫌なら辞めていただく他ない。退場門は用意してある」と答えた。

この社長発言に組合が反発した。組合員から社長発言への怒りの声が多数寄せられ、組合の集会では「即刻辞任するべきだ」といった意見が上がった。

この問題で再び1年以上、話し合いが途切れた。そして2018年9月、交渉が再開する。渡辺社長らは労組執行部への経営説明会を行った。その席で渡辺社長は、提案中の賃下げ案について「聖域にして先送りすれば、近い将来、より大きな危機がのしかかってくる。時間があまりない」として、早期の実現の必要性を強調した。

労使交渉は少しずつではあるが、前進した。2018年夏からは渡辺社長の後輩に当たる大阪社会部出身の労組委員長が登場し、渡辺社長にとっては賃カツ実現の絶好のチャンスが訪れた。

交渉が大詰めに

2019年1月、組合は賃カツに関するアンケートを行った。その結果、「人件費を削ってもその後の会社の将来像が見えない」という回答が73・5%に上った。それでも、組合執行部は「会社の経営状況を鑑みるに、これ以上賃カツの交渉の場に立たないことは会社にとっても組合員にもプラスにはならない」として、会社との議論の継続を決める。

組合は4月に再度アンケートを実施した。質問事項は2問。①会社提案を受け入れるかは別として、賃下げの必要があるか、②賃下げ案を受け入れるべきか。①に対し、賃カツの必要がまったくないと考えている者は少なく、「必要」と答えた者は19・5%、「どちらかといえば必要」は40・1%だった。これで賃下げ肯定は60%となる。そして②に対しては、「受け入れるべき」は17・3%、「見直しを求める」

は59・9%の結果となった。

それを受けて執行部は、「賃下げの必要性は認めるが、会社案には見直しを求める」という結論を組合員に知らせた。この後、執行部は各部局に組合員のヒヤリングに回った。

この執行部の素早い動きは、渡辺社長の期待通りだった。会社は組合アンケートの結果に基づく賃下げ額の抑制要求を受けて、当初案を若干下方修正し、最終的な合意をめざす。しかし、これには「見直しを求める」部分が十分反映されていないとして、多くの組合員から不満の声が上がった。そこに全く予想できない悲劇が起こる。

労組副委員長が自殺

『週刊文春』2019年5月30日号が報じた「朝日労組副委員長はなぜ多摩川で入水自殺したのか」という記事は衝撃的だった。その記事の一部を抜粋する。

〈2019年5月13日、多摩川の水面で朝日新聞労組副委員長K氏(35)の遺体が発見された。青森県出身のK氏は東京大学を卒業後の06年、朝日新聞社に入社した。入社後、校閲記者として腕を磨いた。労組専従となったのは昨年8月。

2016年1月、会社側は「70億円の人件費削減」を掲げ、平均年収1293万円の朝日社員の年収を平均165万円カットする案を提示。労組は話し合いを拒否し続けてきたが、昨年8月、大阪社会部出身のM氏が労組委員長に就いて以降、歩み寄りが進んだ。

なぜ労組の態度が一変したのか。

「渡辺社長は大阪社会部出身で、06年に同社会部長に就任。その頃、M氏は大阪府警クラブに所属しており、縁があった。そのためこの二人が大幅賃下げで手を握ったと噂されていた。それに対し組合員からは、なぜ会社の言いなりになるのか、と厳しい突き上げがあった」(労組関係者)

その矢面に立っていたのが、副委員長で東京支部委員長でもあったK氏だった。

「遺書には賃下げ対応に悩んでいるといった内容が綴られていたようです」(同前)〉

さらに『週刊文春』(2019年6月13日号)は追い打ちをかける。

労組副書記長の「死を選ぶなど無責任」メール

〈5月29日、朝日新聞労組関係者に届いた一通のメール。送り主は、労組副書記長のY氏だった。

自殺した東京支部委員長のK氏は5月の連休明けから社員へのヒヤリングに追われていた。だが、14日に予定されていた会社側の賃下げ説明会前日に命を絶ったのだった。

その前日、労組副書記長のY氏は「そもそも、本執14人で何度も確認して進めていた話です。本当にしんどいのであれば、辞めるなり休めばいいんです。苦しんでいる兆候もなく、突然死を選ぶなど無責任です」というメールを送っていた。

大阪・工程管理部所属で、入社33年目のY氏。17年前にも組合専従の経験があり、今回も委員長以下14名で構成される本執の一人だ。

メールは続く。「そんな人間を選んだ職場にも問題があるし、そのようなコーテーションを作った東京の編集局にも問題があります」矛先は編集局に向かう。
「編集職場で本執を糾弾する人間は、売れない商品を作っているのに、給与が高いままというのが不思議と思わないのでしょうか」〉
このメールの流出により、社員の間に新たな怒りが湧き上がった。こうして、一人の尊い命を犠牲にして、妥結目前の賃カツ交渉はまたしても暗礁に乗り上げた。

労使間の密約疑惑

ところで、K氏の自殺から2カ月余り後の7月24日、会社から突然「外部への情報漏えいがあったので注意しろ」との前代未聞のメールが全社員に流された。それからしばらく経って、大阪本社経済部のA氏と広報部員B氏が停職処分になった。情報漏えいが処分の理由だと見られた。さらに情報を漏らした先の〝外部〟とは、朝日労組の職員であることも聞こえてきた。

組合員からすると、その職員は朝日の社員ではないが労組の書記職であり、1年任期の執行部を支えてきた仲間だった。会社の経営情報を共有するのは当然で、これを否定されては組合活動が成り立たないと多くの組合員が感じた。

この処分に関して当の組合は会社に対して抗議しなかったので、組合員の有志が処分の取り消しを求める署名運動をした。その結果、3〜4日で百数十名の署名を集めた。にもかかわらず、取り消しにはならなかった。そのうえA氏は支局勤務に異動された。

また、この件に関連して、管理職数名からの聞き取りで重要な事実が判明した。K氏の死の直前に、1年任期の執行部の異例の留任が決まりつつあることが、会社の幹部の間で広まっていたのだ。そもそも、組合役員の任期は組合の大会で決めることになっている。それを会社側が先に知っていたということは、労使間で秘密裡の話し合いがあったとしか考えられない。そして、A氏とB氏が労組職員に流した情報とは、執行部の留任にかかわることだろうと噂された。

会社としてはこの執行部で賃カツを決めないと、次の執行部ではまた振り出しに戻る可能性があった。早期に決着させるために、組合執行部に対しても相当なプレッシャーがかかっていた。後にK氏の死を受けて立ち上がった「調査委員会」の調査で、会社からの賃下げについてのプレッシャーは相当なものだったことが判明した。

K氏の任期は7月末までだった。それが終われば執行部はお役御免となる。会社と組合員との間で板挟みになっていたK氏は、1カ月半ほど我慢すればよかったはずだ。それができずに死を選んだのは、〝任期延長〟に対する絶望からだったとみられている。

渡辺体制を積極的に評価する社員はわずか1%

2019年11月、労組は再び賃下げについてのアンケートを行った。4月に前執行部が行った会社の賃下げ案受け入れを前提としたものに比べると、客観的な内容だった。

2600人を超える組合員が寄せた結果は、前回と同様に「基本的に賃下げの必要は認めるが、賃下げ後の経営ビジョンを示し、経営責任を明確にすることを求める」という意見が大勢だった。

このアンケートでは、最後に渡辺体制の評価を聞いた。その結果は、「評価できる」1・4％、「どちらかと言えば評価できる」13・8％、「どちらかと言えば評価できない」30・7％、「評価できない」35・8％だった。肯定的な評価が15・2％だったのに対し、否定的な評価が66・5％と大きく上回った。

賃カツ交渉の結末

2020年8月、労組は組合員の全員投票による賛成多数の結果を踏まえ、会社の第五次修正案を受け入れることを決めた。これにより、同年10月、2021年4月、2022年4月の3段階で賃カツが実施されることになる。会社は当初案、社員の平均年収減165万円（12・8％）から、最終的に113万円（8・7％）へと譲歩した。総額では当初案の年間70億円が50億円となった。

以上見てきたように、会社が2016年1月に提案してから4年半かけてやっと交渉は妥結した。なぜ、賃カツ交渉はこれほど難航したのか。その根本には経営の無策がある。多くの社員は本社経営の先行きに不安を抱いており、給与が減ることは避けられないと感じている。しかし、一方では、不効率な業務や部署が温存され、社員の働きにも著しい格差がある。それを放置しつつ、一律に賃金を削減することに不信感を持つ者が多い。とくに若手の間では、働かない中高年の高給取りがのさばっていることへの嫌悪感が強く、定年を65歳に延長した際には、強硬な反対意見が噴出した。

新規事業の顛末

渡辺氏は社長在任中、不動産事業を含む新聞以外の分野で300億円余分に稼ぐことを旗印に掲げた。そして、新規事業の立ち上げに血道を上げる。その試みは、何の成果も挙がらなかったにもかかわらず、軌道修正されずに今に至っている。今までに手がけた数多くの新規事業のなかから、鳴り物入りで喧伝されたものを採り上げ、その顛末を紹介する。

新規事業①――「出前館」との提携

出前館は、1999年9月、花蜜幸伸《はなみつこうしん》氏（1969年7月生まれ）によって始められた。花蜜氏は、複数の飲食店の宅配メニューをネットに掲示し、顧客がそこから注文するサイトを創案した。顧客、飲食店、宅配業者をネットでつなぐビジネスモデルである。「夢の街創造委員会」という会社を立ち上げ、ポータルサイト「出前館」がスタートした。

事業は順調に発展し、2006年6月にはヘラクレス（現ジャスダック）に上場を果たした。それを機に、花蜜氏は経営を離れ、持ち株も手放した。ところが、同社の内紛を機に、2013年3月、花蜜氏は特別顧問という形で再び「夢の街」の経営にかかわるようになる。

その際、花蜜氏は15％程度の株式を取得したいと考え、同社の株式の買い付けを始めた。そこで、無理な信用取引を繰り返し、金融商品取引法違反（相場操縦）の罪に問われる。結局、2018年5月、懲役3年執行猶予4年の有罪判決が確定した。

そんないわくつきの夢の街株の約5％を、朝日新聞社は2016年12月、13億7400万円で取得した。また同時期に、朝日新聞社と夢の街は資本業務提携を交わし、出前館のデリバリー事業に朝日新聞の販売店（ASA）が進出することになる。

夢の街の株価は乱高下を繰り返し、朝日の保有株の価値は1年の間に10億円以上も変動した。夢の街は2019年11月、会社名を出前館に改称。朝日新聞社は保有していた約2300万株を2020年3月、市場外取引で売却した。同年6月には出前館との業務提携契約を解消。引き続き宅配代行の業務を続けたいASAは個別に出前館と契約することになった。

朝日新聞社は夢の街株の売買では、結果的にはかろうじて損失は出さなかったようだが、株を保有していた間、紙くずと化してしまうリスクを抱えていた。そもそも、どういう経緯で夢の街との資本業務提携に至ったのか、何とも不可解である。

ＡＳＡの「出前館」事業

出前館の配達請負には当初十数店が手を挙げた。２０１９年の時点では、50店ほどが配達請負をしており、その売上は月商２億円に達したという。

その平均的な姿は以下のようである。

顧客から注文があれば、〝お届け時間〟から15分前以内に加盟店（飲食店）から商品を受け取り、顧客に商品を届け、売上金を回収する。月末締めで当月の精算書を作成し、夢の街へ入金する。ＡＳＡには配達代行手数料として商品の売上金の40％程度が支払われる。

ＡＳＡの店舗の一部スペースを拠点とし、マネージャーやアルバイト店員が待機する。アルバイトは常時20名ほどが登録されている。営業時間は午前11時から午後９時までの10時間。１時間単位のシフト表を作成し、各時間帯にアルバイトを２～５人配置する。マネージャーは販売店の正社員が務めるが、時間帯によってはサブマネージャーとしてパート社員が務める。

平均的な実績は、エリア内の加盟店30～40店、一日当たりの注文数30～70件、注文単価は2500〜3000円。配達アルバイトの延べ稼働時間（シフト数）は、平日30〜40単位、土日40〜60単位。一シフト当たりの注文数は1・3件ほど。

儲けを出すのが難しい損益モデル

アルバイト一人当たりの売上は、注文単価が2800円ほどなので、時間当たり約3600円となる。配達手数料は4割として、1440円。アルバイト給与が時給1100円とすると、人件費を除く粗利は340円である。

夢の街側の説明では、一シフト当たりの注文数が1・5件以上になると採算ベースに乗るという。仮に一シフト当たりの注文数が1・5件になった場合の収支を試算してみよう。注文単価2800円は変わらないとして、一シフト当たりの売上は4200円、配達手数料は1680円になる。アルバイトの時給1100円も変わらないので、粗利は580円となる。1カ月の粗利は、シフト数12000として70万円足らず。これで固定費をカバーして利益が出るだろうか。

固定費は、管理者の給与、事務所の家賃、アルバイトの求人広告費、消耗品費など。あるレベル以上に売上が増えると、アルバイトの人員を増やす必要があり、それに伴い管理者も増やさざるを得なくなる。つまり、管理者の給与は完全に固定費であるとは言えない。顧客が増え、売上が伸びたとしても、変動費率が高いため、利益は頭打ちになる。

この事業にはリスクも多い。実際に起きた事例として、売上金の紛失、配達中の接触事故、管理者の自己注文（業績向上のため）などがあった。そして、本来新聞販売に専念すべき販売店主がこの事業に余計な神経を使うことになってしまう。

夢の街から見ると、朝日新聞社は一投資家にすぎず、ASAは下請け業者だ。夢の街の事業の成功のポイントは、サプライチェーンの効率をどれだけ高めるか、つまりどれだけ下請け業者を低コストで使えるか、である。配達の下請けをしているASAが十分な利益を得る可能性はきわめて低いと言わざるを得ない。

新規事業②――「Meeting Terrace」（ミーティング・テラス）

40～65歳のシングルに男女交流の場を提供する会員制のサービス「Meeting

「Terrace」(ミーティング・テラス)は、新規事業のなかでも異彩を放っている。お堅い朝日新聞がこういうビジネスをやることの意外性を売りにしているようでもある。これは、外部からは一種の〝出会い系サイト〟と見られている。

他の婚活クラブや出会い系サイトなどと異なる特徴は、①交流会を通しての出会い、②結婚に限らない自由なかたちのパートナー探し、③セミナーやイベントを一緒に体験する交流、である。いわゆる結婚相談所には行く気がしない男女が朝日新聞への信頼のもとに入会するともくろんでいる。

会員になるためには、①申し込み、②独身証明書の提出、③独自審査、を経る。入会金は3万9800円、月会費9800円。その他に交流会などに参加するときは、一回につきパーティだけの場合は6000~8000円、セミナーや工場見学などの小旅行がつくと1万円前後を支払う。

2017年11月にサービスを始め、当初は女性会員が多く、1年後の時点では女性の入会申し込みを一時停止した。会員が交流会やセミナーなどのイベントの予約をしようとしても、混んでいてなかなかできないと言われた。

交流会は参加者同士が小人数でテーブルを囲んで談笑する婚活パーティ方式。典型的なパターンは、男女3人ずつでテーブルを囲み、一定の時間が経過すると男性だけが別のテーブルに移動する。気に入った相手が見つかると連絡先を運営者に教えてもらう。事務局は先方の許可を得てメアドなどを教える。

サービスを始めて1年半で60組のカップルが成立した。結婚式の報告もあったという。そう聞くと、成功したかのように見える。ところが実態は、2019年3月現在の会員数が400人ほど。当初計画では3000人以上を見込んでいたので、8分の1以下という惨憺たる結果だった。「この1年半で2億円以上の赤字を出した」と情報誌『FACTA』は伝えている。

不振の主な要因は、会員募集の手段を朝日新聞の紙面広告に頼りすぎたのが裏目に出て認知度が上がらなかったことと、最初のイベントに参加してすぐに退会する人が多いことであった。高い入会金と月会費を払いながら、人数制限でイベントに参加できないことが度重なると、顧客の不満は高まり、「詐欺だ」と言われる事態も起こりかねない。もともとの計画自体が杜撰だったというしかない。

結局、２０２０年2月、朝日新聞社はこの事業を第三者に譲渡し、手を引いた。

新規事業③――「朝日自分史」

会社の「事業報告」で毎回、新規事業の例として挙がっていたのが、「朝日自分史」とクラウドファンディング「A-port」（エーポート）である。

自分史のほうから見ていこう。

朝日新聞社で自分史を作りたい顧客には3つのコースが用意されている。記者が取材、執筆する「記者取材コース」、顧客が自分で執筆し指導を受ける「原稿持込コース」、顧客がすべて自分で作る「自己編集コース」。このうち「記者取材コース」の料金は１２０万円である。

これも「出前館」と同様に労働集約型の事業である。記者1人がどれだけの注文をこなせるかにかかってくる。1人の顧客に対して4回取材し、原稿を起こし、校正までやれば、1カ月に1冊がやっとではないか。がんばっても1・5冊が限界だろう。そうすると、記者1人当たりの売上は１２０万円×12月で１４４０万円か、それを少し上回る程度になる。社員の平均年収は1300万円ほどなので、その売上は記者の年収分を稼げるかどうかだろう。そのうえ、費用は人件費だけではない。それ以外にも、取材の交通費や通信費、本の用紙代・印刷費・運送費が1件ごとにかかる。また、事業を行っているからには、オフィスの家賃、什器備品、記者以外のスタッフの人件費なども計上される。OBを活用して人件費を抑えるとは言っても、採算に合うかきわめて疑問だ。

このように自分史事業の損益分岐点は相当高いと推定される。売上実績など具体的な数字は社内にも発表されていないが、この事業が報告通り、〝堅調〟であるとは信じがたい。

新規事業④——クラウドファンディング「A-port」

クラウドファンディングは、何か起業したい人が自身のプロジェクトをインターネット上で発表し、不特定多数に資金の提供を呼びかけるもの。「A-port」はそういうサイトの一つ。朝日の発信力と、社員によるアドバイスを売りにしている。朝日の社員が、提案されたプロジェクトの内容をチェックし、ファンド募集の表現について助言する。

「A-port」は2015年に立ち上がり、2016年末には「SMAP大応援プロジェクト」が成功した。その年末に解散するSMAPに、ファンとしてずっと応援する気持ちを伝えるため、朝日新聞に全面広告を掲載するというもの。12月30日付の朝日新聞全国版の広告面に、応援メッセージと賛同者の氏名が載った。

広告掲載のために1000万円を集める計画だったが、結果的に1万3000人から4000万円近くの入金があった。このプロジェクトが今までで最高の成功例であろう。朝日新聞社は、クラウドファンディングで集まった総額の15%を手数料として得ることになっている。SMAPプロジェクトの場合には約600万円の収入ということになる。

これも、今までに見てきた新規事業と同様に、労働集約型の事業である。プロジェクトの申し込みの内容をチェックし、複数のスタッフで審査し、採り上げるかどうかを決定する。それだけでもかなり手間暇がかかる。それにしてはファンドの規模が小さく、手数料の額が知れている。

２０２１年４月現在、「A-port」のサイトに〝お薦めプロジェクト〟が18件アップされているが、１０００万円を超えているのはわずか１件である。これから見ても年間の総売上の規模が想像できるだろう。

新規事業⑤――「バーティカル・メディア」

最後に、「バーティカル・メディア・プラットフォーム事業」に触れておかなくてはならない。この事業は、２０１８年３月に鳴り物入りで立ち上がった。同年３月期の事業報告では、「女性の悩み解決サイトのｔｅｌｌｉｎｇを皮切りに２０２０年春までに20を超すメディアを立ち上げ、広告収入の獲得をめざす」とある。要は、新聞紙とデジタルの広告をテーマごとに一体化することにより、広告の増収をもくろむということだ。だが、テーマごとの広告のウェブサイト展開はそれ以前にもやっていることなので、ことさら新しいことを始めたわけではない。

２０１８年４月、広告担当役員は、「まずペット情報など５つのサイトを立ち上げる。20年までに21サイトを立ち上げ、年間26億円を稼ぐ」「各サイトで1000万PV、年間1メディア2億〜3億円をめざす」とぶち上げた。

さて、その1年後、バーティカル・メディアの状況はどうなったか。

8〜9のサイトが運営されていたが、いずれも2億〜3億円どころか、2桁少ない売上額に低迷している。どのサイトにも、ほとんど広告らしい広告が貼りついていない。

さらに問題なのは、サイトの運営にかかるコストである。コンテンツの制作は社員を使うこともあるが、社外に発注することもある。外注費は割高になるし、社員はコスト意識に欠ける人もいるので、無駄が多い。

広告業界の専門家に言わせると、朝日がバーティカル・メディアを始めたころは、すでにこの分野は〝オワコン（終わったコンテンツ）〟化しており、広告スポンサーが求めている消費者は寄りつかなくなっていた。

中村史郎新社長も、社長就任を目前にした2021年2月、労組との協議会で、バーティカル・メディアがうまくいかなかった要因として以下のように語っている。
「そういったターゲット・メディアに対する経験不足、コンテンツ編集とビジネス部門のコンテンツ流通がうまくいかなかったことなど、複合的な要因があった。当初の見通しがやや過大であったことも率直に認めざるをえない」

こうしてみると、ここ数年声高に喧伝してきた新規事業は、そのすべてがいたって小規模なものばかりである。仮に成功しても、利益は億の単位に届くかという程度であり、もともとやってみる価値はなかった。そんな規模の事業を山ほど立ち上げたところで、仮に一つの事業で利益を上げても他の事業の赤字と相殺されるので、総体として経営に資する可能性は限りなくゼロに近い。

要するに、個々の事業が利益を上げていないことを問題視しているのではない。本来やってはいけない事業に着手したことが決定的な失策なのである。

ただし、私は新規事業自体を否定しているのではない。逆に、その成功の可能性を模索することは会社としてぜひ必要だと思っている。それに挑む姿勢として、まず研究をしっかりと重ね、その成果をフィージビリティ・スタディによって確認したうえで試行すべきである。なお、研究開発の対象とすべき事業は、ロケット弾的な売上増が見込める可能性があり、かつ限界費用がゼロに近いという要件を兼ね備えたものに限定するべきだと考える。

第3部　生き残るために何をすべきか

これまで見てきたように、この数年間、会社の実態は悪化の一途をたどった。このままでは単年度の利益を確保するのも困難である。この間に経営は本来、何をなすべきだったのか。

小稿の最初に、会社が利益を出せなくなった主な原因として、①非効率的な業務が蓄積されている、②販売店が過剰な残紙を抱えている、ことを挙げた。これから、その二つの原因を解決し、会社を再興するための私案を述べたい。まず、①の問題について踏み込んで、現状と改革案を述べる。

いうことと等しい。

利益を上げていない業務は？

会社が構造的に利益を産まなくなっているということは、不採算の業務が多いということと等しい。

次ページの図1は会社の現状を示す概念図である。縦軸は業務の収益性、横軸は各社員の業績を表わしている。つまり、図の上方ほど利益が出ている業務であり、右方ほどその業務に携わっている社員が業績を上げている。ここでいう業績は、現在行っている業務のパフォーマンスであり、収益性とは連動しない。つまり、社員が従事している業務において、業績を上げるほど、赤字が増えることもある。

第1象限：利益を上げている業務に従事し、業績も高い。
第2象限：利益を上げている業務に従事し、業績は低い。
第3象限：利益を上げていない業務に従事し、業績も低い。
第4象限：利益を上げていない業務に従事し、業績は高い。

【図1】現状

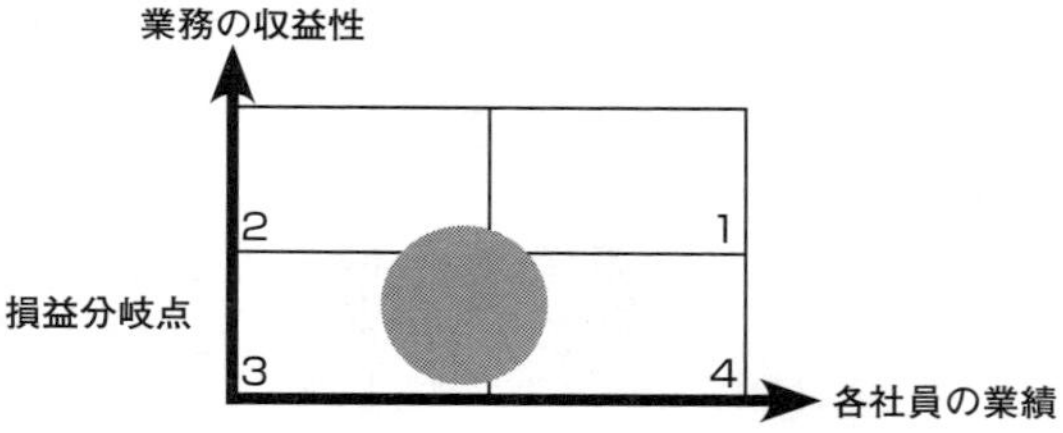

【図2】目指す状態

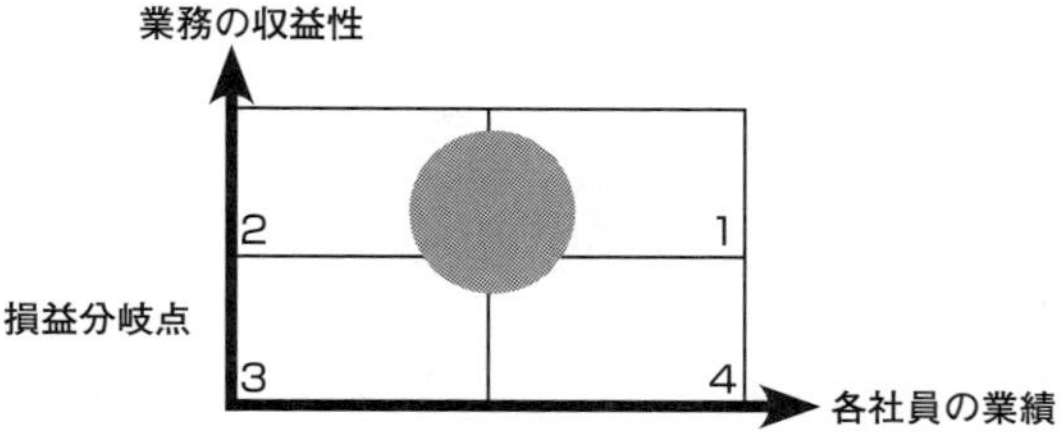

現状では、第３〜４象限に分類される業務・社員のグループが多いと考えられる。このグループでは多くの場合、従事している業務において成果を挙げてもそれが会社の利益には貢献しない構造になっている。そういう業務を廃止し、それに携わる社員を第１〜２象限の業務に移せば改善される。その結果、全体が第３〜４象限から第１〜２象限にシフトし、図２のようになる。

図1に示したのはあくまで概念図であり、現実に業務の収益性や社員の業績が明らかになっているわけではない。これから述べるのは、まず現実に行われているすべての業務について、この図の縦軸の中のどこに位置するのかを明示する手順である。

業務ごとの収益性が明確になれば、それを基礎資料として、各業務を存続、廃止、拡大、縮小し、会社全体の収益性を上げることができる。

部署別損益の算定

これまでも朝日新聞社は、管理会計によって、新聞業、デジタル分野、不動産業、企画事業など大部門別の損益は算定している。だが、全体の売上の大半を占める新聞業については、部署ごとの内訳がない。そのため、全体の中でどの部署が最大の問題であるのかさえ、わからない。

新聞業の中の部署別の損益計算書は以下の手順で作成する。まず、販売と広告の売上を新聞事業にかかわる編集局や制作局など全部署に割り振る。売上を各部署に配賦する際、その業務を外注した場合にどれくらいの金額になるのかを参考にすればよい。それ以外にも、客観的なデータによって示されている重要な要素を指標として活用する。そのデータは主として市場や顧客から得られるだろう。

印刷部門はすでに別会社となっており、基準を設定して印刷料金を決めている。それと同様に社内の各部署を独立の会社と仮定して売上を配分する。

次の手順は、所属長が配下の社員を業務ごとにグループ分けする。そして、部署に配分された売上・付加価値を各業務グループに再配分する。なお、各部署が使った費用はすべて会計部を経由するので、売上の配分ができれば、付加価値の算定はそれほど難しくないだろう。

各業務グループの売上が算定されると、次にそれを各社員に割り振る。複数の業務に携わる社員については、所属長の判断で按分する。そういう作業の結果、社員単位の売上・付加価値が算定される。なお、業務グループや社員へ配分する金額は、客観的なデータによる算定には限界があるので、所属長らによる裁定が重要になる。その裁定の方法については、工夫を要する。

そこで初めて部署、業務、社員単位の売上・付加価値が明確になり、全社の基礎データが完成する。これにより、どの業務がどれだけ稼いでいるかが明確になる。同時に人員配置が適正か否かを評価することができる。

次に、様々な角度からデータを精査し、各業務の現状を評価する。そのうえで業務の存続、廃止、拡大、縮小などの判断を下す。ここが最大の勘所だ。

その結果、理想的な形で業務を再編することができる。その際には当然、人材とのマッチングが重要である。適材適所という標語は、このような収益性に基づく業務の再編に際して実践されるべきだろう。

業務を取捨選択のうえ再編成すれば、自然と組織の形が定まってくる。初めに組織ありき、ではなく、「組織は戦略に従う」のである。このようにして、業務、人員配置、組織をゼロベースで再構築していく。

販売店の残紙の一掃

次に、残紙対策について提言したい。

小稿の最初に、残紙は販売店の経営力を脆弱化し、ひいては戸別配達網の破綻につながることを指摘した。さらにこの問題は、会社自体にも直接悪影響を及ぼす。それについて説明しよう。

公正取引委員会はこれまでも新聞社の押し紙に目を光らせてきた。

1997年の「北国新聞社・押し紙事件」で、公取委は北国新聞社に対し独禁法違反として法的措置をとった。過去に新聞社が押し紙を理由として法的措置を受けた例はこれだけだが、公取委の出方によっては、いつ同様の措置があってもおかしくない。

また、この問題と関連して、新聞社と販売店の取引制度が問題になる可能性がある。独占禁止法のガイドラインでは、「優越者が一方的に取引価額を変えることは不法行為になる場合がある」と規定している。

例えば、新聞社が販売店との取引において目標部数達成を条件に奨励金を付ける場合がある。それ自体はもちろん問題ないが、そこで販売店が注文部数を減らしたとき、新聞社がその奨励金を大幅に減らし、その結果として取引価額の単価が著しく上がることがありえる。このような場合、独禁法の規定に抵触する可能性がある。一方的な取引価額の変更の例として、最近ではアマゾンのケースがある。2019年2月、アマゾンは自社のサイトに出品する販売業者に対し、強制的に最低1％のポイントを付与させせようとした。これに対し公取委が優越的地位の濫用の疑いがあるとして調査を始めた。そこでアマゾンは、一転、商品をポイントサービスの対象とするかどうかは出品者の任意とした。

このように、公取委は優越的地位の濫用についての監視を強化してきている。万一、朝日新聞社が公取委から独禁法違反で摘発される事態になれば、その社会的信用は著しく失墜する。そういう心配をせざるをえない状態は、早急に解消すべきである。

残紙の〝メリット〟はもうない

次に、見かけの部数が実際より多いことの広告収入に及ぼす効果はどうか。新聞社の広告料収入は部数の減少を上回るスピードで減ってきている。その原因として、広告主が新聞広告の効果をより鋭敏に測定するようになってきたことも影響していると考えられる。今では、掲載した広告がどれだけの購読者の目に触れ、自社商品の売上増に貢献したか、などの基礎データは揃っているはずだ。スポンサーはその効果に応じて広告掲載の費用を投じるので、残紙を含む発行部数の多少が新聞社の広告収入に影響する度合いは微小になっているのではないだろうか。

もう一つ重要なポイントは、残紙の分も含めて新聞社は印刷や輸送などの費用を支出していることだ。これらの変動費は、残紙の解消とともに減少するので、損益改善に貢献するはずだ。

最後に、環境問題もある。温室効果ガスの排出ゼロを世界中がめざしているなかで、新聞用紙を過剰に印刷している現状は、環境保護の観点からも問題である。今後もますます炭素ゼロへの社会的圧力が強まることが予測される。その面で残紙は環境保護団体などから強く指弾される可能性もある。

これまで述べたように、コンプライアンス、広告収入、印刷費などの追加的コスト、環境問題などの観点から、残紙を維持するメリットはもはや何もない。ただちにすべての残紙を解消すべきである。

新社長への提言

近年、朝日新聞社の社長は、前任の社長による指名で代々引き継がれてきた。かつてサンゴ事件で責任をとって辞めた一柳東一郎社長や、同じく慰安婦問題などで退いた木村伊量社長も後任を自分で決めた。今回も、大幅赤字の発生により引責辞任した渡辺雅隆社長が中村史郎氏を後継に指名した。

今日の朝日新聞社は株主の重しがほとんどなくなり、社長の権力がきわめて強い。独り勝ち状態と言ってもいい。渡辺前社長もその前の木村社長も、その辞め方からしても社長として適任だったと評価する関係者は少ないと思う。そんな前任社長が後継者を選ぶのはいかがなものか、という声も社員の間で聞かれる。しかし、社長の選出をめぐっては、周辺に蠢く人たちの利害得失が渦巻くので、今の選び方をやめて別の方法を採択するのは難しいだろう。どのような思惑で選ばれたにせよ、その座に就いた当人が私心を捨て任に当たることを期待したい。

さて、新社長の中村史郎氏とはどんな人物か。現在57歳。1986年に東大を卒業し、朝日に入社。佐賀支局を振り出しに、社会部、政治部、外報部を経験し、北京の特派員となる。その後、広告局長、編集局長を経て、2020年取締役に。取締役就任と同時に代表取締役副社長に選任され、渡辺社長の後継と目された。

その人柄と言えば、とにかくネアカで、細かいことは気にしないタイプらしい。若い頃はその大らかな性格から、同僚から親しみをこめて〝村役場の係長〟と呼ばれていたという。

さて、繰り返しになるが、朝日新聞社が生き残るためには、上述した二つの施策の断行が必須だと私は考えている。だが、一方では中村新社長にそれが実行できるとは期待していない。それは個人の能力の問題ではなく、生え抜きの社長ではしがらみがあって思い切った手が打てないからだ。

そこで新社長に提案したい。会社の抜本的改革が必要と考えるならば、自力でやろうとせずに、それを実現できる経営者を招聘してはどうか。そして、速やかに自らは身を退《ひ》いて、その人物に経営権のすべてを委譲する。それが会社再興のためには最良の選択だと思う。

　抜本的改革を断行できる経営者の要件は、①会社経営の手法に精通している、②胆力がある、③会社にしがらみがない、である。そういう経営者をぜひ招《よ》んできてほしい。新社長が全身全霊を傾けて適任者を探せば、必ず見つけ出せると私は信じている。私にはそれが会社が生き残るための唯一の道であると思える。

第三章

「東京五輪」と「夏の甲子園」——朝日新聞の意外な〝アキレス腱〟

宝島特別取材班

新型コロナウイルスの感染拡大がいっこうに止まる気配を見せないなかで、東京五輪の開催予定日は刻一刻と近づいている。

2021年3月には聖火リレーがスタートし、1年遅れの開催は既定路線のようにも見えるが、現段階(2021年4月)でも開催悲観論は消えておらず、国民の8割近くが中止もしくは再延期を望んでいるという状況は変わっていない。

だが、この問題について日本の主要紙は歯切れの悪い論調を繰り広げている。朝日新聞は社説で、「現実踏まえた対応急げ」(2021年1月27日)、「大会の理念思い起こせ」(同3月20日)などといった、大会運営の混迷を批判する趣旨にとどまっており、開催そのものの是非については触れていない。「中止も想定すべきでは」(同1月18日)とズバリ踏み込んでいる中国新聞など非スポンサーの有力紙と比べ、時の政権にはもっとも厳しく迫る朝日にしては、相当控えめな主張である。

「世論の後押しがあったとしても、そりゃ、できないですよ。大人の事情です」

と朝日新聞の現役編集委員が語る。

「ウチだけでなく、読売、毎日、日経は五輪のオフィシャルパートナー(ティア2)、産経と北海道新聞はオフィシャルサポーター（ティア3）になってますから。いくら報道の面では公正な視点を貫くといっても、スポンサーが中止せよとまでは言えない。さまざまな関連委託事業も請け負ってますからね」

ジャーナリズムの担い手である朝日新聞は、多数のグループ会社を内包するコングロマリット企業でもある。

新聞社としての収益性が低下しても、朝日の経営基盤がそれほど不安視されていないのは、不動産事業ほか、利潤を生みだすいくつかの事業部門が堅調に推移しているからであり、この構造は朝日のみならず、他の大手メディアにも当てはまる。

だが、そうした「本業以外のビジネス」は、ときに報道における制約、タブーとなることが多い。ここでは朝日の意外な「アキレス腱」について検証してみる。

初の五輪スポンサー

朝日新聞はさまざまなスポーツ・文化イベントを主催、協賛している。

例えば囲碁・将棋の名人戦、東京本社に隣接する浜離宮ホールで開催されるさまざまな音楽コンサート、競馬の朝日杯や競輪の朝日新聞社杯競輪祭、Jリーグの百年構想パートナー、バスケットボールのBリーグスポンサー、今年（２０２１年）での終了が発表された、75年の歴史を持つ福岡国際マラソンなど。

読売新聞の歴史が、ジャイアンツや箱根駅伝の存在抜きには語れないように、朝日新聞もまた、紙面と販売の両輪を支えるための、さまざまなイベント事業を育て上げてきた。ママさんバレーや障害者スポーツなど、小規模なスポーツイベントを含めればその数は年間約１８０にも及んでいる。

先進国のなかでも類を見ない日本の大部数の新聞発行数は、メディア自身が大衆に浸透する事業を手掛け、それを新聞の販売営業に活用するという独自のブランディング、マーケティングによって支えられてきたといえる。

なかでも、大衆への浸透度という点で群を抜いている朝日の関連スポーツイベントが、五輪と夏の高校野球だろう。

実は、朝日新聞が五輪のスポンサーに名を連ねるのは今回の東京五輪が初めてだ。五輪のスポンサーには４つのランクがあり、最上位の「ワールドワイドオリンピックパートナー」（13社、日本企業ではトヨタとパナソニック）はＩＯＣと契約。「ゴールドパートナー」（ティア1）、「オフィシャルパートナー」（ティア2）、「オフィシャルサポーター」（ティア3）はＪＯＣとの契約となり、それぞれ権利とスポンサー料が異なる。

朝日は今回、読売、毎日、日経と並んでこの「オフィシャルパートナー」に名を連ねることになった。金額は公表されていないが、オフィシャルパートナーの相場は60億円、オフィシャルサポーターは15億円とも報道されている。これは総額で、5年契約であれば年額は5で割った数字になる。

前回のリオデジャネイロ五輪まで、ＩＯＣはスポンサー企業の枠を「一業種一社」としてきたが、この東京五輪からその原則を取り払った。

そのおかげで、同じ新聞業界から6社（オフィシャルパートナー含む）もスポンサー入りし、これまで集まった国内企業からのスポンサー収入は30億ドル（約3300億円、ＩＯＣ調べ）と過去最高の金額になっている。何かと横並び意識、同調圧力が強いとされる日本社会だが、それをうまく利用したＩＯＣもしたたかだ。

五輪マネーの実態

「確かにスポンサー料は高いですが、新聞の場合には、取材上のメリットと、広告収入、事業収入につながるという実利があります」

とは前出の編集委員。

スポンサーとして名を連ねることによって、他の報道機関と比べ選手の取材上の優遇があることはもちろんだが、それ以上に広告収入が入りやすくなるというメリットが大きい。たとえば五輪特集の特別紙面や、関連の雑誌、出版物などを発行する場合、同じスポンサー企業からの広告が入りやすくなり、さらにはPRのタイアップ企画なども仕掛けられる。

「とくに、グローバル企業や金融機関は、五輪のスポンサー目的を社会貢献イメージの向上に置いているケースが多い。それを見越したように、新聞社は障がい者の社会参加を啓発するパラリンピックの特集を多く組んで、広告を入れやすい紙面を用意します。新聞各社、五輪の担当部署が設置されていますが、そこには元経済部の記者で企業上層部とのパイプを持つ幹部が出入りしていることが多い。まさに五

輪のビジネス活用ですよ」（編集委員）

もちろん、6社も新聞社が参入すれば広告マネーも分散することは否めないが、それでも地元・東京での五輪となれば一定の経済効果は見込めるのだろう。

この五輪による恩恵は、目に見える広告収入だけではない。

朝日新聞は2017年以降、スポーツ庁の委託を受け「パラリンピック教育普及啓発活動」を行っている。スポーツ庁はフェイスブック（2019年3月20日）で次のように活動を報告している。

〈スポーツ庁では、パラスポーツに触れる機会を増やし、多くの方が2020年の東京パラリンピック競技大会の会場に足を運んでいただけるよう、委託事業として〝パラリンピック教育普及啓発事業〟を実施しています。委託先の1つである朝日新聞社では、パラリンピック競技は、オリンピック競技と比べ、体験する機会が少ないことから、教員を対象に、パラリンピック競技の体験と競技に関する知識・学校での指導方法を含めた〝教員向けパラリンピック教育研修会〟を全国15カ所で開催しました。〉

実際の五輪とは直接関係ないイベントだが、この委託事業費は2017年度が1460万円、2018年度も1000万円だった。どれだけの経費がかかっているのかはわからないが、こうした「五輪関連事業」の存在は無数にあり、朝日だけではなく、市民イベントなどのノウハウがある新聞社は1000万円単位の金額で事業を受託している。これも目に見えない五輪ビジネスである。

森喜朗委員長の「東京新聞外し」

このような形で、密接に五輪とかかわっている朝日新聞が、五輪の開催を否定する報道ができるかといえば、誰が考えても「ノー」である。

政権に対するスタンスでは朝日に近い新聞に東京新聞がある。同紙は2021年1月25日、社説で「開催の可否問い直せ」と主張し、コロナ禍での強行開催にはっきりと疑問を呈した。

東京新聞(中日新聞東京本社が発行)は五輪のスポンサーではない。だが「スポンサーになりかけた」経緯はあった。なぜ、ならなかったのか。

東京が五輪開催地に決定した後の2016年、東京新聞は新国立競技場の建設問題など、いくつかの五輪絡みの不祥事を厳しく追及していた。

ちょうどそのとき五輪のスポンサー契約交渉が進められていたが、大会組織委の森喜朗委員長（当時）が「東京新聞外し」を指示したのである。

この一件を報じた『週刊新潮』（2016年4月14日号）には、中日新聞関係者のコメントとしてこうある。

〈今年2月、そろそろ正式に契約を結ぶという段になって、森さんは電通を通じてこんなことを言ってきたのです。〝中日新聞社のうち東京新聞は国立競技場問題などを批判的に書いてケシカラン。組織委としては、五輪に批判的な東京新聞は外して、中日新聞とだけ契約したい〟と〉

結局、中日新聞社はスポンサー契約を結ばなかったが、この一件を見ても、朝日をはじめとする大手紙にとって過度な五輪批判がタブーとなっているのは明らかだ。

朝日は、自ら「五輪を中止せよ」とは言わないかわり、米英の有力紙が報道する「五輪中止論」を盛んに引用し、積極的に報道している。

ビジネスとは無関係の立場にある現場記者たちの「せめてもの抵抗」と見ることもできるが、ここには「報道と営利は両立せず、常に営利は優先される」というメディア企業の限界がはっきりと見て取れる。

高校野球は「社業」

五輪よりも「朝日のイベント」として国民の間に広く深く定着しているのが夏の高校野球だ。朝日新聞内部では、高校野球を「社業」と呼ぶ人が多い。

高校野球の前身となる全国中等学校優勝野球大会を大阪朝日新聞社が始めたのは1915（大正4）年のこと。2020年はコロナ感染拡大の影響で中止となったが、今夏は春の甲子園同様、開催の予定だ。

甲子園大会は、全国紙の朝日新聞にとってさまざまな役割を果たしている。まず、毎年大会の収支決算では1億円程度の剰余金が出ている（剰余金はU18W杯などの運営資金に充てられる）。そして地域における新聞販促のツールになるのはもちろんのこと、朝日に入社し、全国の支局に配属された新人記者たちは、まず高校野球の現場で取材のイロハを学ぶ。各都道府県の代表校が決まれば、県版の紙面には地元の有力企業の「ご祝儀広告」が紙面を埋め尽くす。また、日本高等学校野球連盟（高野連）など、高校野球関連組織は朝日ＯＢの天下り先にもなっている。

「地域の有力新聞販売店のトップの母校が出場校に決まったりすると大変ですよ。とにかくその高校に関係する人を出せ、というお触れが出て、〝○×高校物語〟のような連載が始まったりする。朝日と毎日では、入社後すぐ辞める高学歴の女性記者というのが一定数いるんですが、その原因となっている要因のひとつが、高校野球の取材です」（朝日現役記者）

１００年以上に及ぶ高校野球の運営は、朝日新聞の経営と表裏一体の関係にある。だが、それは高校野球こそ朝日が批判できない「タブー」の筆頭格であることを意味している。

注目度の高い高校野球では、グラウンド外でしばしば不祥事や物議をかもす話題が登場するが、朝日や春の選抜大会を主催する毎日新聞は、スルーするか極力小さく報道するのがお約束だ。

1994年春の大会で那覇商(沖縄県)の応援席で民族衣装を着用し、伝統芸能のエイサーを披露していた応援団が高野連から注意された件や、2013年に花巻東(岩手県)の選手による「カット打法」が禁止され議論を巻き起こした件など、少しでも大会にネガティブなイメージを与えかねない情報は、報じないか最小限に抑える。それが甲子園報道の「暗黙のルール」であり、美化することだけが許された朝日の「聖域」のひとつとなっているのである。

特待生問題での朝日の〝問題記事〟

近年、高校野球における最大の不祥事のひとつに、2007年に発覚したいわゆる「特待生問題」がある。

発端は、西武ライオンズが早稲田大学の野球部員に将来の入団を条件に裏金を渡していたことが発覚したことだった。この一件に選手の出身高校の野球部長が関与していたことから、日本学生野球連盟憲章で禁じられている授業料免除などの「特待生」の存在や「野球留学」の実態がクローズアップされた。

高野連は調査に乗り出し、それまで公然の秘密だった特待生は全国で377校、7920人にのぼることが明らかになり、社会問題に発展した。ちなみにこの年の夏の大会では、特待生のいない県立の普通高校、佐賀北高校が劇的な優勝を飾っている。

この問題を受け、高野連は特待生の一律廃止は困難と判断。ただし、学生野球連盟憲章の理念は不変として、情報公開や入学金と授業料に限定した免除、各学年5人までといった条件で特待生を認めることとした。

だが、主要メディアの多くは高野連の方針を批判した。あくまで学生野球連盟憲章を遵守するという姿勢は時代にそぐわない、あるいは実態を無視したものであり、時代錯誤もはなはだしいというものだった。

ところが、そんななかで高野連を「擁護」する新聞があった。他ならぬ朝日新聞である。2007年5月3日の紙面で〈透明性、高める努力必要〉との記事を書いたのは、大阪本社スポーツエディター（当時）の速水徹記者だった。

〈野球部員であることを理由にしたスポーツ特待生制度を禁じた日本学生野球憲章第13条は、ほとんど形骸化していた。春夏の甲子園優勝校を含め、強豪校の多くが違反していた事実が、今回の調査で明るみに出た。

部員の大半が特待生という、極端な事例もあった。スポーツを通じて生徒の才能を伸ばすため、という教育的側面よりも、野球部の強化を目的とした選手勧誘の「道具」に特待生制度が使われていた、と見るのが妥当だろう。

「他のスポーツは良くて、なぜ野球だけがだめなのか」という疑問の声も聞かれる。一連の騒動の発端に目を向ければ、その疑問は解けるのではないか。

3月、プロ野球西武がアマチュア選手に多額の金銭を渡していたことが発覚した。プロを頂点に球界全体は今なお、巨大なビジネスの場と化している。有能な選手をめぐる常軌を逸した争奪戦が生まれる土壌が、そこにある。西武の問題は、氷山の一角に過ぎないことは誰もが気づいている。

高校側も、野球を全国に名を売る手っ取り早い「手段」ととらえる向きがある。大人たちの思惑がうごめく中、ブローカーが暗躍し、不明朗な金銭が動く。中学の進路指導の現場に深刻な影響が出ている、との話も聞く。

サッカーなど他の競技も人気を博し、野球は特別な存在でなくなった。しかし、その規模や影響力は、まだけた違いに大きい。憲章がなければ、今以上に混沌とした状態を招いていたと思う。〉

〈戦前、学生野球界に拝金主義が横行し、「野球統制令」が発令された。国家介入を招いた苦い経験から、日本学生野球憲章が定められた。「立法趣旨」は、自主自律だろう。独自に運営する一方で、自らを戒める。強固な意志が、憲章の背骨として貫かれている。

憲章制定から半世紀以上の時が流れたが、その精神まで古びたとは思わない。ルール破りが横行する今の球界にあって、スポーツの原点である、フェアプレー精神をうたう憲章の気高さは、色あせていない。

もちろん、通達を2度出しながら、これまで実態を把握してこなかった日本高野連の責任も重い。ただ、問題解決へ迅速に動いた姿勢は前向きに受け止めたい。

特待生問題は、これがゴールではない。憲章が戒めているのは、不透明な金銭授

受や、不当な介在者の存在だ。その精神を堅持しつつ、透明性の高い新たな基準づくりを望みたい。〉

一応、問題提起の形にはなっているが「憲章の気高さは色あせていない」「問題解決へ迅速に動いた姿勢は前向きに受け止めたい」などと、火だるまになっていた高野連を擁護する姿勢がありありと見て取れる。

だがこの記事、「朝日の記者だから仕方がない」とは済まされず、さらに炎上を招くことになった。速水氏は当時、高野連の現職理事であり、まさに「身内」そのものであったことが発覚したからである。

露骨な援護射撃に加え、高野連理事という立場を明かさなかったことで、朝日の報道のあり方に大きな疑問符がつけられた。朝日の「甲子園報道」を象徴するできごとだったと言えるだろう。

朝日が手掛ける「野球保険」ビジネス

朝日と甲子園ビジネスの深いつながりを示す一例が、朝日新聞子会社の保険ビジネスだ。

高野連の公式ホームページにはいくつかのリンク先バナーが貼り付けられているが、そのうちのひとつに「高校野球賠償責任保険　団体傷害保険について」というものがある。このバナーをクリックすると、そこに出てくるのは「朝日総合サービス株式会社」（ＡＧＳ）という、社員数１６８人の朝日関連会社だ。所在地は、築地の朝日新聞東京本社ビル８階である。

この会社は「総合サービス」というだけあって多岐にわたる業務を手掛けているが、そのうちのひとつが「保険業務」。なかでも主力となっているのが高校生、大学生向けの「野球保険」なのだ。

この保険業務、かつては同じ朝日の子会社である不動産会社「朝日ビルディング」が請け負っていたが、２０１９年にＡＧＳに移管された。

野球は見かけ以上に危険がともなうスポーツだ。選手が打球の直撃を受けたり、試合中にケガをすることもあれば、ファウルボールが家や車に当たるなどの破損事故もある。そうした事故に備え、学校や野球部が加入する保険と、個人が入る保険が用意されている。

前者の場合は部員数や補償内容に応じて保険料が変動する仕組みになっており、金額は年額3万～6万円程度だが、任意の保険にもかかわらず、高野連のHPから民間企業の保険サービスにダイレクトで紹介される構造になっていることには驚かされる。

学生のスポーツ保険には、文部科学省の外郭団体である日本スポーツ振興センターの災害共済給付制度があり、現状でほとんどの高校生が加入していることを考えると、「保険の二重払い」となっているとの指摘もある。

ほとんどの球児たちは、学校に言われるがままに保険に半ば強制的に加入させられており、学校や野球部側も、本当に必要かどうかわからないまま、長年の慣習で継続して入っているというのが実情なのだ。

全国の高野連加盟校約3900校、14万人の球児たちの保険を、実質的に独占できるとしたらこれほどおいしい商売はない。高校野球は決して利潤目的の事業ではないというのが朝日新聞の建て前だが、実態は違う。その典型例がこの保険ビジネスである。

やめるにやめられない

朝日新聞の切り札事業でもある高校野球だが、時代とともにその意味合いも変容しつつある。2020年の大会が中止となったことで、朝日は3767万円の「赤字決算」になったことを公表したが、問題は、甲子園大会があってもなくても部数の減少度合いがさほど変わらなかったことである。

要は、夏の甲子園が販促につながるという時代はすでに終焉しており、少なくとも高校野球に本紙の部数減を食い止める力はない。

だからといって朝日が高校野球を手放すことはないし、逆に近年収益力が下がっていると指摘される甲子園大会がお荷物になったとしても、朝日はそれを維持していかなければならないのだ。

2021年の大会も、コロナの感染状況次第で無観客、あるいは観客数を大幅に抑えた形での開催が予測される。当然、収益面は期待できず、五輪がもし開催されれば、話題性の面でも割を食うだろう。五輪が中止なら、別の意味で高校野球どころではない夏がやってくることになりそうだ。

二大イベント「五輪」「夏の甲子園」がコロナの直撃を受けているなか、それでも大会実施に向け、前向きなポーズを取り続けなければならない朝日の姿には、どこか悲壮感が漂っている。

残酷な時代の流れは、ときに組織の最大の強みが弱点となる反転現象をもたらすことがある。コロナが照射した朝日新聞の混迷は、新聞社が輝いた時代の終焉をはっきりと示している。

第四章

「最後の社主」への朝日新聞社の仕打ち
――「社主制度」廃止までの全舞台裏

樋田 毅（ジャーナリスト）

朝日新聞社は2020年6月24日、定時株主総会で会社の「憲法」にあたる定款を変更し、長年続いた社主制度を廃止した。拙著『最後の社主　朝日新聞が秘封した「御影の令嬢」へのレクイエム』で取り上げた同社の村山美知子社主が亡くなって、わずか3カ月後のことである。朝日新聞社を創業した村山龍平の孫にあたる美知子さんは社主制度の存続を望んでいたし、同社のもうひとつの社主家である上野家の人たちも同制度の存続を強く望んでいた。

なぜ、朝日新聞社が社主制度の廃止に踏み切ったのか。拙著は、美知子さんの人生を描いた評伝だが、社主制度廃止に至るまでの、村山家と朝日新聞社の長い暗闘にも言及している。本稿では、拙著などを下敷きに、経営側の打算や思惑が渦巻いた、社主制度廃止の舞台裏を明らかにしていく。

『最後の社主』の出版直後、朝日新聞社は私と出版元の講談社に対して、「書籍発行への抗議と回答要求」と題した文書を送付してきた。さらに、この抗議文を自社のホームページで一方的に公表した。その経緯についても明らかにする。性急に進めた社主制度廃止と、私と出版社へのヒステリックな抗議文。いずれも、未曾有の経営難で退陣を余儀なくされた経営陣の余裕のなさ、度量のなさによるものだと思う。異論を認め、反対意見を粘り強く説得する度量こそ、報道機関に不可欠なものと私は考える。それを失いつつある朝日新聞社の将来を、同社の元記者として深く憂えている。

「社主制度廃止」を決める株主総会

まず、昨年（２０２０年）の朝日新聞社定時株主総会の詳細な報告から始めたい。私は、この株主総会に出席し、議論の一部始終をメモに取った。37年前に大阪本社の社会部勤務になった頃、私は上司の勧めで朝日新聞社の株式（１００株）を取得している。秘書課主査、大阪秘書役として村山美知子さんの元に通った２００７年以降は、美知子さんに付き添って毎年の株主総会に出席していた。その経験に照らしても、コロナ禍の最中、２０２０年の株主総会は異様だった。株主に予《あらかじ》め届いた招集通知書には「極力、事前の議決権行使をいただき、当日のご来場をお控えいただくよう強くお願いする」「開催時間を短縮する観点から、例年以上に質問は簡潔に」

とあった。

当日、大阪市北区にあるフェスティバルタワー・ウエスト四階の「中之島会館」の会場に集まった株主は70人前後。例年よりかなり少なかった。開会の前にも、「(質問時間短縮などにご協力いただけない場合)退場をお願いする場合もある」「録音、録画、写真撮影はご遠慮を」とのアナウンス。メディアは問題企業の株主総会を取材し、時には悪し様に書く。しかし、朝日新聞社は非上場企業とはいえ、自らの株主総会について情報を閉じようとしていた。

社主制度廃止のための定款変更は、招集通知書に添付された議案書に書き込まれていた。第二号議案で、「定款一部変更の件」と題され、社主を置くことと、その役割を定めた定款第三十五条と第三十六条を削除するという内容だった。定款変更には有効株数の3分の2以上の賛成が必要だが、会社側はすでに全株式の3分の2以上を「関係者株」として押さえていた。それならば、この議案が可決され、村山美知子さんが本当に「最後の社主」になった瞬間をこの目で見届けたい、と私は考えた。

もうひとつの社主家・上野家の思い

渡辺雅隆社長が「第二号議案の審議」を告げると、会場の中央の後方付近の席にいた背の高い青年が挙手し、発言を求めた。上野聖二さんだった。彼は、父親の尚一氏が2016年に亡くなった後、上野家の家督相続者として、朝日新聞社の社主を継承する立場にあった。しかし、現役の社員でもあった聖二さんは、会社から「社員と社主の立場は両立できない」と告げられ、社主にはなれないままでいた。「両立できる」と主張する上野家から見れば、会社が上野聖二社主の実現を阻んできたのだ。8分間に及んだ彼の発言を以下に再現する。

「私は株主の上野聖二と申します。上野尚一前社主の次男で、現在、(朝日新聞社の)デジタルイノベーション本部に在籍しています。これまで上野家が株主総会の場において発言することはほとんどなかったと伝え聞いておりますが、文章を用意してきましたので、読み上げたいと思います。少し長くなりますが、聞いていただければ幸いです。

今般、会社は定款を変更し、社主制度を廃止する提案をされています。また、社長は社主制度に代わり、創業者を顕彰する制度を新たに設けることも言われています。今から4年ほど前、２０１６年に父が亡くなって間もない頃、同様の内容の定款変更案を示されました。その後、数回にわたり、社長と話し合ってきましたが、私は当初から一貫して、この構想には異議を唱え、廃止の提案に賛同することはできないと申し上げてきました。

この株主総会の場をお借りして、私の方から上野家がこれまで信念として守り続けてきたこと、そして、長きにわたり会社の発展を願う立場から経営陣の方々に一言申し上げます。現行の定款では、第三十五条で『本会社に社主二名を置く』、第三十六条で『本会社は村山龍平、上野理一創業の栄誉並に創業者と本会社との関係を保持するため村山長挙、上野精一を社主と定め、爾後その相続人よりそれぞれ一名その地位を継承する』と定めています。

そして、私はその地位を継承する立場にあります。

また、定款の第一条には、『村山龍平、上野理一の創業の精神に基づいて、新聞の公器としての性格を昂揚し、社会的文化的な使命の達成を目指す』ことが朝日新聞社の経営理念として掲げられています。定款に定められた高邁な理念と社主制度が、いわば車の両輪となり、朝日新聞社の精神的支柱となってきました。そして、上野家は代々、定款と社主規定を順守し、社の発展に寄与するよう努力してきました。私どもが社主を継承することの意義は、代々担ってきた伝統、使命、責任、品位、言論を長く継承することにあると考えています。私は、この定款を、朝日新聞社の魂だと思っています。上野家として、この60年間、上野精一、淳一、尚一、そして私まで四代にわたり、創業者の理一を加えれば五代にわたり、常に定款に則り、行動してきたことはもとより、朝日新聞社の長い歴史の中で、一貫して社員と経営陣を信頼し、その活動に敬意を払い、新聞社としての社会的責任を果たすべく、全力を傾注してまいりました。この度、村山家で社主の継承が途絶える状況にあることは聞き及んでおりますが、定款は、これを理由に上野家における地位の継承が妨げられるような形にはなっていません。今でも、私には社主として使命を果たす責務があると考えています。

一方、上野家が保有する朝日新聞社の株式の議決権は総株式の15％弱にすぎず、会社の提案について、他の株主の皆様が賛同すれば、私どもの反対のみを持って社主制度を維持することはできないことは重々理解しています。社主家と経営陣の間で対立が生じることは社業にとって何ら利点はなく、上野家の本意でありません。会社の発展のために、社主制度を廃止すべきと株主の皆様がご判断されるのであれば、その結論を尊重する所存です。しかしながら、私どもはこのたびの社主制度を廃止する定款変更に賛成票を投じることはできません。上野家の歴史の中で、経営陣から提案された議案に反対を唱えるのは、おそらくこれが最初で最後になると思いますが、社主家としての使命を全うすることが、会社の発展に寄与するものと信じるが故の苦渋の判断です。

最後に、経営陣の皆様にお願いがあります。朝日新聞社は、この20年間にわたり、新聞事業は業績の下降、経営の悪化状況が続いています。さらに、近年は下降傾向が加速していることは皆様ご承知のとおりであります。現在の新聞事業や業界の枠に囚われない、大きなビジョン、経営戦略を立てていただきたい。そして、新たな社会経済の形に即した経営計画の立案と実行を示していただくよう切に希望します。それこそが、先人が目指した公器としての使命に応える新聞社の経営の責務であると考えております」

「歴史的役割を終えた」

上野聖二さんは、「社主であったなら」との熱い思いを込めて会社の将来への希望と期待を述べた。聖二さんの席の隣には、叔父の信三さん、いとこの貴生さん、真里子さんもいた。この四人は朝日新聞社の株主で、聖二さんが読み上げた文章も、四人で何度も話し合い、練り上げてきたものだった。それだけに、出席者たちの心に響いた。聖二さんが発言を終えると、会場から大きな拍手も起きた。

しかし、壇上の議長席にいた渡辺社長の対応は、実にそっけないものだった。

「ただいまの上野社主の……上野家の貴重なご意見として拝聴させていただきました。会社としての考え方は、議案書で申し述べたとおりでございます」

「上野社主」は明らかな失言だが、聖二さんの迫力に気圧されたためだったのかもしれない。議案書には、社主制度廃止の理由として「ガバナンス(企業管理)改革を進める時代の流れ」「歴史的役割を終えた」などと書かれていた。しかし、渡辺社長は口頭で懇切丁寧に説明すべきだったし、社主制度が果たした歴史的な役割や、創業家の会社への貢献への感謝の言葉を述べるのが、上野家への最低限の礼儀ではなかったのか。

現役社員の株主で、「有給休暇を取って、東京から駆けつけた」という経済部記者の大鹿靖明さんが発言を求めた。

「ここ数年間、株主総会のたびに『定款に規定があるのに、なぜ上野家から社主を出さないのか』という質問が出続けていたが、社長の答えはいつも『検討中です』だった。それが、美知子さんが亡くなるや否や、突然、社主制度を廃止するという。これは、あざとい。やり方が拙劣というか、あまりにもひどい。上野さんの肩を持つわけじゃないが、上野家は会社の経営に協力してきたと思う。それなのに、つれない。かわいそうだ。経営陣に驕りができている。あなたは、思い上がりすぎているんじゃないのか」

渡辺社長は大鹿さんの発言を遮るように、「それがご質問ですか?」と尋ねた。

大鹿さんは「はい、質問です。あなたは、あざとい」と、さらに続けた。渡辺社長は「私は、そうは思いません」と怒気を含んだ声で反論した。

この後、渡辺社長が「第二号議案に賛成の方は挙手をお願いします」と裁決に入った。私が会場で視認した限りでは、会場にいた70人前後の株主の中で、挙手をしたのは4分の1にとどまっていた。おそらく、上野聖二さんの熱を込めた発言と、その後の渡辺社長と大鹿さんのやり取りを聞いた直後で、会社提案に賛成できない、あるいは賛成しづらいと考えた人が多かったのではないのか。

しかし、渡辺社長は「議決権行使書による賛成も含めまして、3分の2以上の賛成により、原案どおり承認されました」と述べた。定款変更は「特別決議」となり、有効投票の3分の2以上の賛成が必要だったが、あっさり決着した。

朝日新聞社の総株数は320万株で、株主総会の開会時に事務当局が発表した当日の議決権数（有効投票数）は212万個（株）。このうち、朝日新聞社従業員持株会（約81万株）、テレビ朝日（38万株）、朝日放送（約7万株）、凸版印刷（約23万株）など会社側の「組織票」だけで約150万個（株）に達する。会場では、32万個（株）

を持つ香雪《こうせつ》美術館の広瀬道貞理事長が挙手したのを念のために確認して、「承認」と判断したのだろう。会社側は圧倒的な株数の力で押し切り、「社主」時代を終焉させたのである。

21％超の大株主「香雪美術館」

この株主総会には、もうひとつの注目点があった。それは、村山美知子さんが遺言書で朝日新聞社の株式を含むほぼ全財産を遺贈する、と書いていた香雪美術館の動向だった。同美術館は村山家によって創設され、朝日新聞社を創業した村山龍平らが収集した美術品を展示・保存する施設。生前の美知子さんが理事長を務め、2008年には彼女が所有していた朝日新聞社の株式の一部（同社の全株式の10％）を寄付していた。

株主総会が開かれた昨年6月の時点で、香雪美術館の理事長は元朝日新聞社専務の広瀬道貞氏、副理事長は元社長の秋山耿太郎氏、常務理事は元大阪本社代表室長の阿部正史氏、つまり同社OBが三役を独占していた。株主総会には広瀬理事長が出席し、渡辺社長が経営報告をした後、真っ先に手を挙げた。

「私は香雪美術館の理事長をしている広瀬です。香雪美術館は（所有する）朝日新聞社の株式の配当金を重要な財源としているため、朝日新聞社の経営に大変な関心を持って見ております」

広瀬氏は、こう前口上を述べ、「朝日新聞社が金融機関から100億円の長期借り入れをしているが、なぜでしょうか。これまで、朝日新聞社は無借金でやってきました。新聞（の報道）が金融機関に甘くないか。その種のことを言われないため、避けてきたことであります」と渡辺社長に質した。

渡辺社長は「フェスティバルタワー・ウエストに出資していた竹中工務店の持ち分を買い取った際に借り入れました。不動産業は順調で、問題はない」と説明したが、広瀬氏は経理担当の役員にも答弁を指名しつつ、再質問、再々質問を重ねた。そして、最後に、こう締めくくった。

「借金は危険をはらみます。部数も減り、2020年は会社の存否を賭けた年になります。社長は重大な決意を示してほしい」

私が在社していた2017年まで、香雪美術館の代表者が朝日新聞社の株主総会で発言したことはなかったと記憶している。まして、広瀬氏は元朝日新聞社専務で、テレビ朝日の社長、会長などを歴任した超大物OB。株主総会で経営陣に批判的な質問をするのは異例のことだった。悪化の一途をたどる朝日新聞社の経営の先行きを案じての質問だったのだとは思う。しかし、香雪美術館は、株主総会の時点で、すでに朝日新聞社の全株式の10％を所有。美知子さんの遺言が実行された昨年夏以降は、同21％を超え、従業員持株会を除くと、最大の株主になっている。その事実を踏まえると、別の問題が生じてくる。

つまり、香雪美術館の役職者となった朝日新聞社OBらが、同美術館の所有株式の力を背景に、朝日新聞社の経営や人事などに影響力を行使するおそれはないのか、という問題である。従前の社主規定は社主の権限を大幅に制限していたが、香雪美術館の株主としての権限を縛る規定は存在しない。香雪美術館の役職者となる人物によっては、朝日新聞社にとって、新たな「社主」のような存在になりかねないという懸念である。

香雪美術館の理事には、朝日新聞社の社長と大阪本社代表、さらにテレビ朝日会長、朝日放送元社長が名を連ねている。同美術館はテレビ朝日、朝日放送の株式も所有し、実質的に朝日新聞社とそのグループ企業の持株会社の役割も果たしている。一方で、香雪美術館は村山家収集の美術品を所蔵する「公益財団法人」であり、持株会社の役割を担うこと自体が問題ではないのか、と私は思う。朝日新聞社は、日刊新聞紙法の適用を受け、株主は事業関係者に限られている。香雪美術館が厳密な意味で事業関係者といえるのか、という疑問もある。

私は『最後の社主』のあとがきで、こう書いた。

「今後、香雪美術館の運営体制がどうなるのか。朝日新聞社の経営の不安定要因になる可能性はないのか。やはり心配になる」

株主総会での広瀬理事長の発言は、私の心配が現実のものになる可能性を強く感じた場面でもあった。

昨年の株主総会では、社員株主らが「販売部数の急減をどう説明するのか」「減損損失の計上は初めてのことではないのか」「退任役員の報酬は適切だったのか」などと追及し、経営側は防戦一方の答弁を強いられた。2020年に向けて策定された会社の中期経営計画が未達成のままに終わったうえ、日本経済新聞社に初めて連結決算で抜かれたことについて、「渡辺社長の経営責任」を厳しく追及する声も上がった。

渡辺社長は「責任は痛感する。新たな中期経営計画で構造改革をやり遂げ、次に渡すというのが私の責任の取り方だ」と声を荒げて反論するなど、会場には終始、殺伐とした空気が漂っていた。株主総会から5カ月後の2020年11月、渡辺社長は経営悪化の責任を取るとして、任期途中で退任を表明し、翌2021年4月に中村史郎副社長を新社長に据え、後を託した。「構造改革をやり遂げ、次に渡す」と株主総会で語った渡辺氏の約束は、果たされることがなかった。

村山家と朝日新聞の暗闘史

さて、朝日新聞社の社主制度は、第二次世界大戦で日本が連合国側に降伏した3カ月後の1945(昭和20)年11月、当時の村山長挙《ながたか》社長、上野精一会長が戦争責任明確化のために退任した際にできた。その2年後、二人は連合国軍最高司令官総司令部（GHQ）作成の「戦争協力の言論人」（G条項）リストに入り、公職追放となった。この時、社主の地位も失ったが、1951（昭和26）年の追放解除によって、二人とも社主に復帰した（1960年には村山長挙が社長に、上野精一が会長に帰り咲く）。45年以前、つまり社主制度のなかった時代には、村山、上野両家が社長、会長などの要職を交代で務めてきた。

創業の頃、まだ合資会社、合名会社だった朝日新聞社への出資者は村山、上野の両創業者に限られていた。1918（大正7）年、朝日新聞社は「白虹《はっこう》事件」と呼ばれる記事の筆禍事件で、新聞発行の禁止（廃刊）を命じられる寸前という未曾有の経営危機に陥ったが、経営立て直しの一環として、1919（大正8）年に株式会社になった時点でも、村山家は全株式の58％、上野家は同30％を所有していた。新たに20人余りの幹部社員が株主になったが、その株数は合わせても12％にすぎなかった。

戦後も両家による株式の寡占状態は続いた。村山家と朝日新聞社が経営権をめぐって争った、1963（昭和38）年の「村山騒動」の際、上野家は19・51％、美知子さんの妹の富美子さんは8・57％の株式を持ち、いずれも朝日新聞社側についた。富美子さんを除く村山家側は計32・92％の株式を持ち、残りの株を所有していた現役社員やOBを対象に、両派による株式の激烈な買い取り戦が展開された。その結果、かろうじて経営側が過半数を制する状態が長く続いてきた。

村山長挙社長の「解任動議」を可決した1964（昭和39）年1月の取締役会では、上野精一会長が経営陣とともに、村山長挙社長に辞任を説得した。それが受け入れられず、挙手による採決で退任が決まったが、その直後、上野精一氏は「社主家として村山家とともに責任を負う」として会長職を辞した。社長、会長という両社主が同時に身を退《ひ》く形になったことで、経営側と村山家の双方の体面が保たれた。

その後、1966（昭和41）年に新たに制定された「社主規定」は、両社主を「儀礼典礼の場で会社の代表となる」地位にとどめ、社主家の実権を奪う内容だったが、上野家は受け入れた。当時、上野精一氏は「上野家の株は神棚に上げる」として、株主の権利を行使しないことを明言。それが、上野家の方針として、代々受け継がれてきた。前述の「白虹事件」に際しては、退任を余儀なくされた村山龍平社長に代わり、上野理一が社長に復帰した。病身をおして経営再建に取り組んだ無理がたたったのか、就任の翌年の大晦日に急逝している。その玄孫（やしゃご）にあたる上野聖二さんが株主総会で「（上野家は）一貫して社員と経営陣を信頼し」と語ったのは、決して誇張ではない。

経営陣の説得で3分の2の株を手離す

私が村山美知子さんの「お世話係」になった2007年の時点で、美知子さんが持つ朝日新聞社株は36・4％。妹の富美子さんが持つ朝日新聞社株は8・5％。上野家の持つ朝日新聞社株は19・5％で、両社主家を合わせると64％に達する状態だった。

当時も、朝日新聞社と村山家はねじれた関係にあった。会社側は創業者・村山龍平への尊崇の念があった。会社の創立記念日などの儀式の会場には、村山龍平の特大の遺影を、もう一人の創業者の上野理一の遺影とともに飾っていた。一方で、経営権をめぐる「村山騒動」の「延長戦」が続いていた。私は、会社側の人間として、美知子さんの信頼を得る努力をしつつ、村山家の内情を探る立場だった。歴代の社長が定期的に神戸・御影《みかげ》の村山邸を訪ね、美知子さんに丁重に接しながら、株式を手離すように説得を続けていた。

2007年秋、美知子さんは仲介した顧問弁護士の説得に応じ、所有する全株式を朝日新聞文化財団に寄贈する提案にいったんは同意した。東京と芦屋市からやってきた二人の弁護士を出迎え、村山邸の応接間に案内するのが私の役回りだった。しかし、直後から美知子さんの側近とされる人物たちが動き、これらの人物たちの説得に応じ、同意を白紙に戻した。この人物の一人は2014年5月に亡くなったが、生前、私にこう語っていた。

「弁護士の背後には朝日新聞社がいた。弁護士の案では、資本側（村山家）が経営側に譲歩しすぎだった。あれでは、村山家が何のために長年、経営陣と闘ってきたのか、意味がわからなくなる」

そのあと、経営側の立場に配慮する側近たちによる「第二の案」が動き出し、紆余曲折を経て、2008年6月に実行に移された。美知子さんの所有株を三分割し、

3分の1をテレビ朝日に売却、3分の1を香雪美術館に寄付、残りを美知子さんがそのまま持ち続ける案だった。

美知子さんが経営側の説得に応じた背景には、相続に伴う税負担の問題があったのだと思う。母親の村山於藤《おふじ》さんが1989年に死去した際、美知子さんは相続によって、朝日新聞社の株式の35%を超える株主となった。このため、「支配的同族株主」とみなされ、朝日新聞社の資産そのものが相続税の対象になる可能性があったのだ。しかし、実際には、所有株式の配当金の10年分を相続株式の価値とみなす「配当還元方式」で納税した。つまり節税に成功していた。私は、国税当局への根回しの経緯についても取材したが、『最後の社主』で書くのは控えた。いずれ、当事者たちが明らかにする日が来るかもしれない。

極秘にされた遺言書

村山美知子さんの持つ朝日新聞社株が三分割され、彼女に残った同社株が11%に低下した時点で、上野家が所有する朝日新聞社株19・5%が突出する形になった。

相続の際に支配的同族株主とみなされ、巨額な相続税を負担するリスクが生じたため、上野家は所有株式を15%以下に引き下げることを決めた。上野家の株式売却をめぐっては、さまざまな噂や憶測が関係者の間で飛び交ったが、結果としては朝日新聞社の実質的な斡旋で売却先が決まった。

私が朝日新聞社に対して不信の念を抱くようになったのは、株式の三分割案の実行に連動する形で美知子さんの遺言書が作成されたことを知った頃である。

遺言書は、株式を含む全財産を香雪美術館に遺贈する内容で、その後、美知子さんの希望により、妹の富美子さんと、その長男の村山恭平さんにも相当額の現金が相続されるように書き換えられた。遺言書の存在・内容は極秘であり、もちろん富美子さんや恭平さんにも知らされなかった。

遺言書の作成を美知子さんに持ちかけたのは、朝日新聞社の元幹部だった。

「テレビ朝日への株式売却は、手続きに時間がかかります。その間に万が一のことがあっては大変なので、遺言書を書いておけば安心です」

「恭平さんに株式が行かないようにするためには、そうされる方が安心できますよ」

そんな話し方だった、と私は彼女に話した本人から聞いている。

美知子さんには子どもがおらず、遺言書がなければ、彼女の財産を甥の恭平さんが相続する可能性があった。美知子さんは、恭平さんのことを非常に可愛がっていたが、社主の後継者としては不適格だと考えていた。会社側は、美知子さんのそうした思いを熟知したうえで、株式の一部をテレビ朝日に売却する手続きに乗じて、遺言書の作成を持ちかけたのである。

そして、前述のように、会社側は香雪美術館の運営権を実質的に握っていた。役職者の選考委員会などを新たに設けて、恭平さんが同美術館の役職者になりたいと希望しても、拒否できる運営体制をつくっていた。

朝日の株式を持つ村山家の人間はいなくなった

遺言書作成と連動して、村山美知子さんの養子探しが始まった。美知子さんが村山家の存続、社主の後継者づくりを強く望んでいたためである。遺言書作成を美知子さんに持ちかけた元幹部らは「養子が決まれば、遺言書を書き直してもらい、財産は養子にいくようにします」と美知子さんに説明し、安心してもらおうとしたのである。私は、この人物から養子探しの実務を命じられた。

養子候補は何人もいたが、最後に最適な候補を見つけることができた。村山家と血縁がある若い夫婦で、2人の娘さんを育てていた。2013年から2015年にかけて、この夫婦は娘たちを連れて何度も村山邸に通った。美知子さんも気に入った様子だった。だが、縁組は頓挫した。側近たちの消極性など、理由はいろいろあるが、話を進めていた途中で、村山恭平さんと母親の富美子さんが持っていた朝日新聞社の株式を手離し、朝日新聞社側の社主家問題への関心が薄れたことも大きく影響した。私はそんな説明を、元幹部から受けた。

2013年秋から2014年春の間に、村山恭平さんは母親の富美子さんから引き継いだ朝日新聞社株式を、富美子さんの所有株とともに売却していた。売却先の斡旋などをした朝日新聞社側は、恭平さんから「今後、社主問題に意見を挟まない」という趣旨の一札も取った。恭平さんは朝日新聞社の将来に見切りをつけたのかもしれないが、朝日新聞社にとっては大きな勝利だった。

結果として、養子を立てて社主を継がせたいとする美知子さんの希望は実現できなくなった。2016年7月、美知子さんは体調を崩し、大阪市内の病院に入院した。それから3年後の2020年3月、美知子さんは入院先の病院で亡くなった。満99歳。寿命を全うされたのだと思う。

村山美知子さんが亡くなった時点で、朝日新聞社の株式を持つ村山家の人間はいなくなった。上野家の持つ同社の株式は15%以下になっており、上野尚一社主が2016年に亡くなった後、新たな社主も出していない。朝日新聞社は、社主制度を廃止する好機と捉えた。村山家との長い暗闘を続けてきた朝日新聞社にとって、上野家への配慮など「二の次」だったのだろう。朝日新聞社側が高齢の美知子さんに対し、言葉巧みに遺言書の作成を持ちかけ、持株を手離させたやり方は理不尽だったし、養子話が潰れた経緯、その後の養子候補の夫婦への対応も不誠実だった。いずれも、報道機関としての社会的信用に傷がつきかねなかった。今も、私はそう考えている。

朝日新聞社からの抗議文

さて、冒頭に書いたように、私が『最後の社主』を上梓した直後、朝日新聞社は発行元の講談社宛てに「書籍発行への抗議と回答要求」と題した文書を送付してきた。「朝日新聞社元秘書役　樋田毅殿」宛てと「講談社　渡瀬昌彦発行人」宛ての2通。差出人はいずれも「朝日新聞社　広報部」となっていた。以下に、私宛ての文書の全文を記す。

〈冠省　貴殿が株式会社講談社から発行した書籍『最後の社主　朝日新聞が秘封した「御影の令嬢」へのレクイエム』（以下、本件書籍）について、重大な守秘義務違反や事実の誤り、憶測や偏見で書かれた不適切な記述などの問題が認められます。弊社として厳重に抗議するとともに、自主的に相応の対応を取るよう要求します。

貴殿は本件書籍の記述の中で、弊社大阪本社秘書課主査、あるいは大阪秘書役などの職務として、故・村山美知子社主（以下、「社主」）の存命中に、社主や当時の弊社社長らから見聞きした情報や取扱注意の社内資料の内容を公表しています。

これらの情報等は、弊社と貴殿の雇用契約における守秘義務の対象です。就業規則により、弊社従業員は業務上知り得た秘密を、在職中はもとより、退職後といえども正当な理由なく他に漏らしてはならないと定められています。

弊社の大株主である創業家の当主と、経営の中枢である当時の社長らとの間の経済取引などの情報は、弊社にとって極めて秘匿性の高い経営情報です。新聞記者や記者であった者にとって、取材源の秘匿が新聞の信頼と言論や報道の自由を守るために侵してはならない「職業上の秘密」であるのと同じく、新聞社の従業員であった者が業務上知り得た秘密を退職後も守ることは最低限の職業倫理です。

貴殿は本件書籍を執筆するにあたって弊社に対し一切の確認取材をしておらず、本件書籍の内容には事実の誤りや、憶測、偏見で書かれている不適切な記述が少なくありません。こうした虚実ない交ぜの書籍を、守秘義務や取材倫理を侵して発行することは、弊社の経営に対する信頼のみならず、弊社の報道機関としての信頼を大きく損ない、取り返しのつかない損害を与えるものです。

さらに、貴殿は社主の結婚や離婚に関する内容や、病名、闘病生活に関する内容など、社主としての職務とは関係のない私生活上の情報についても克明に記述しています。真実であるか虚偽であるかを問わず、本人の許諾なくみだりにこうした情報を公表することはプライバシーを侵害するものであり違法です。公共性も公益性も乏しいこうした情報を公開することは社主の尊厳を傷つけるもので、見過ごすことはできません。貴殿のジャーナリストとしての姿勢に大きな疑問を感じます。

貴殿は著書『記者襲撃　赤報隊事件30年目の真実』（岩波書店）においても、弊社の記者として知り得た未公表の事実を、弊社や取材班の同意も許諾もないまま刊行し、弊社から抗議を受けました。にもかかわらず、本件書籍の発刊を敢行したことは到底看過することができません。

本件抗議に貴殿としてどのように対応するか、本状送達から1週間以内に文書で弊社広報部あてにご回答下さい。また本件書籍に使用している写真についても弊社の著作物でないかとの疑念があります。出所や撮影者、使用の許諾について明らかにするよう求めます。

誠実に対応いただけない場合は、弊社として相応の措置をとることも検討しておりますのであらかじめご承知置き下さい。　草々〉

抗議文への回答に返答はなし

私は、講談社の編集担当者と協議し、同社の加藤孝広・第一事業局企画部長名で以下の反論書を朝日新聞社広報部長あてに送付してもらった。抗議から6日後、4月1日付で投函した。

〈冠省　貴殿より3月26日付「書籍発行への抗議と回答要求」を拝受いたしました。本書『最後の社主　朝日新聞が秘封した「御影の令嬢」へのレクイエム』発行人の渡瀬昌彦、および著者の樋田毅氏宛の書面ではありますが、刊行担当部署の責任者である私より、あわせて回答させていただきます。

樋田氏の著作では、生前の村山美知子社主および創業家の村山家、上野家の親族が所有していた貴社株式の動向について記述しています。日本を代表する報道機関である貴社の株主構成の変転は、経営の根幹に関わる重要事実であり、朝日新聞というメディアの報道姿勢そのものに関わる情報で、広く国民全般の関心事かつ高度に公益性・公共性の高い事実であることは論を俟ちません。貴殿の指摘する「社主と当時の社長らとの間の経済取引」も、つまるところ貴社株の動向を焦点とするものであり、同様です。

貴殿ご指摘の朝日新聞社就業規則では、「従業員は、業務上知り得た秘密を、在職中はもとより、退職後といえども正当な理由なく他に漏らしてはならない」（第9条第1項第3号）とされています。

樋田氏の著作は朝日新聞社という日本を代表するメディアの経営動向について記述したもので高い公益性・公共性を有し、まさしくこの条文における「正当な理由」に該当するものと思料します。

樋田氏の著作に事実の誤りや憶測、偏見に基づく記述が少なくないとの指摘ですが、樋田氏は執筆にあたり、村山美知子社主本人の合意に基づいて撮影された映像など多くの資料を参照し、多年の経験を有するジャーナリストとしての誠実な態度で臨んでおり、ご指摘はあたらないと存じます。

また、社主のプライバシーについてのご指摘もありました。村山美知子社主ご自身が生前、樋田氏に対し、「あなた、私のことを書いてね」と伝えていた経緯もあり、刊行にあたっては村山家のご遺族の同意もあることから、なんら問題ないと考えています。

本書で使用している写真について、ご説明いたします。これらの写真は、すべて村山家ご遺族がプライベートなアルバムとして収集していたもので、出版にあたり、それを樋田氏に託し、書籍での掲載を求めたという経緯がございます。ただそのなかに、おおもとの出所（撮影者）として、貴社関係者によるものが含まれていた可能性もございます。この点について、弊社としては情報を持っていませんので、恐れ入りますが具体的なご指摘を頂戴できれば幸いです。

以上、貴殿書面に対する回答とさせていただきます。　草々〉

こちらからの回答書に対して、朝日新聞社からの再質問はなかった。つまり、反応はなかった。そして、同社のホームページ上に私への「抗議と回答要求」の書面のみが掲載されたままだった。その一方的な主張には、『最後の社主』という本と私への信頼を損なおうとする意図があったのだろうと思う。ちなみに、出版から1年が経過した現時点までに、朝日新聞社からも他の関係者からも、「事実の誤り」「憶測」「偏見」などについての具体的な指摘は受けていない。朝日新聞社は拙著に対して、具体的な箇所はひとつも示さないまま、「虚実ない交ぜの書籍」と一方的に断じていたのである。

『記者襲撃　赤報隊事件30年目の真実』出版騒動

私が、朝日新聞社からの「抗議と回答要求」文書の中で最も憤慨したのは、後半の『記者襲撃　赤報隊事件30年目の真実』（岩波書店）をめぐる記述である。「弊社の記者として知り得た未公表の事実を、弊社や取材班の同意も許諾もないまま刊行し、弊社から抗議を受けました。にもかかわらず、本件書籍の発刊を敢行したことは到底看過することができません。」とあるが、事実に反する。

朝日新聞社は『記者襲撃』が出版される動きを察知すると、執拗に原稿の事前閲覧を求め、取材経過にも不法行為があるなどと主張した。私は、朝日新聞社の出方によっては、つまり出版差し止め請求などの動きがあるようなら、経緯を公表するつもりで、手記も用意していた。幸いなことに、版元の岩波書店が朝日新聞社の要求には応じず、本は無事、世に出た。

出版後、抗議の動きは止まり、手記はパソコンの中に眠ったままになっていた。しかし、朝日新聞社が今回、『記者襲撃』出版についても言及し、私を非難するのであれば、私も手記を公にさせていただく。手記の原文では、登場する各人物はすべて実名だが、今回は役職名のみにしている。


【手記】

〈昨年（二〇一七年）一二月二五日付で朝日新聞社を退社後、岩波書店から『記者襲撃　赤報隊事件30年目の真実』という書名の本を出版する準備を進めていたところ、朝日新聞社から思いもよらぬ「横槍」が入った。私が在社中に取材したことを本にまとめたものは、「職務著作」にあたるので、著作権は朝日新聞社に所属する。したがって、朝日新聞社は著作権者として、ゲラ原稿を閲覧し、問題のある箇所については手直しする、と私と岩波書店に申し入れてきた。私は弁護士と相談の上、本は「職務著作」にはあたらないので、原稿の閲覧には応じられない、岩波書店も「樋田個人の著作」と認めている、と朝日新聞社側に伝えた。しかし、朝日新聞社側は納得せず、岩波書店に対して「役員同士の話し合い」を求め、私の本に対し「取材上の不法行為」がある可能性まで指摘した。この本のテーマは、赤報隊による言論へのテロである。その被害者であるはずの朝日新聞社が、この事件を追う元記者の言論を、組織の力でねじ伏せようとしている。我が古巣の新聞社と闘うことは本意ではないが、このまま手をこまねいている訳にはいかない。経緯を公表し、どちらに非があるのか、読者の判断に委ねたい。

最初に連絡があったのは(二〇一八年)一月一八日だった。朝日新聞大阪本社の代表室長が私の携帯に電話してきて、「樋田さんが出版を準備されている本は朝日新聞社に在社中のことが書かれていると思うので、読者の問い合わせに備えるため、本の概要を話していただきたい」と言った。私は「読者からの問い合わせには、『岩波書店に聞いてほしい』と答えてください」と答えた。私はとくに気にも止めなかった。

ところが翌一九日、朝日新聞東京本社の知的財産管理センターの担当者が岩波書店に電話し、「樋田氏が出す本の著作権は朝日新聞社にある。著作権者として原稿をチェックする必要があるので、これからゲラ原稿を受け取りに行く」と告げた。この担当者は「襲撃事件では犠牲者が出ている。犠牲者をこれ以上増やしたくないので、ことは急ぐ」と言い、午後には知的財産管理センターの担当部長、東京本社の広報部長と一緒に岩波書店を訪ね、口頭で同じ内容を主張した。その際、広報部長は「(著作権の主張などは)役員会の確認事項だ」とも伝えた。

その一〇日後の一月二九日、朝日新聞社は私に面会を求めてきた。私は、「弁護士の同席」を条件に応じることにした。同月三一日、私が依頼した名古屋市内の弁護士事務所で朝日新聞社の三人と会った。大阪本社の広報担当部長、東京本社の知財管理センター担当部長らだった。広報担当部長は「樋田さんの原稿は職務著作にあたるので、著作権は朝日新聞社にある」として、原稿のチェック、手直しを執拗に求めた。しかし、私の弁護士が「原稿の検閲にあたるので、応じるわけにはいかない」とはっきり断った。

その二日後の二月二日、東京本社広報部長が岩波書店に電話し、冒頭で紹介した「役員同士の話し合い」を求めてきた。広報部長は「社長の指示を受けての電話だ」とした上で、「朝日新聞社のコンプライアンス上の問題になっているので、私が対応している。企業間の問題なので役員同士の話し合いを求めている」と説明したとのことだった。岩波書店は「会う必要はない」と断ったが、二月九日にはファックスで、一三日には簡易書留で同内容の要求を書き記した文面が届いた。このため、岩波書店側は一六日、担当役員ではなく、実務を担当する部長が朝日新聞社の執行役員、広報部長らに会った。この席で、執行役員らは「樋田氏の本は職務著作であり、著作権は朝日新聞社が所有している」と、これまでの主張を繰り返した。

「職務著作」は耳慣れない言葉だが、「従業員等が職務上作成する著作物についての著作権者を使用者である法人等とする制度」とされている。著作権法第15条によって、職務著作が成立するためには①法人等の発意(法人の提案)②法人等の業務に従事する者の執筆③職務上作成する著作物の存在④公表名義が法人等であること⑤作成時に別段の定めがないこと——という5つの要件がすべて整っている場合に成立する、と規定されている。今回、朝日新聞社は「樋田氏の本は要件のすべてに該当するので、職務著作と申し上げている」と主張したのである。

しかし、職務著作が成り立つ第一の要件である、「法人側からの（書籍出版の）発意＝提案」が今回の場合、成り立つのだろうか。私は朝日新聞社から「襲撃事件の本を書いてほしい」との提案を受けていない。

職務著作をめぐる判例を見ても、二〇一〇年九月に東京地裁で判決が言い渡されたケースでは、従業員が在職中に業務として作成していた原稿を、退職後に自分名義の書籍として出版することが著作権侵害に当たるかどうかが争われ、判決は会社側の訴えを退けて著作権侵害を否定した。この会社と出版社との間で書籍の執筆について契約書が作成されていなかったこと／会社側が従業員の退職後に書籍の執筆作業を他の従業員に命じていなかったこと／書籍は元従業員の書籍として公表され、原稿料は出版社から元従業員に支払われていることなどが、「職務著作」の主張を退ける根拠とされた。この裁判は法人側が控訴したが、東京高裁も一審と同様に著作権侵害を否定する判決を出している。

このケースでは、会社の業務で作成された文書であっても、退職後に会社の提案ではなく元従業員が個人として出版した著作は職務著作と認定されなかった。同様の判例はいくつもあり、決して少数例ではない。私の場合は、業務外の取材で、実際にも業務外の時間に取材した内容が大半だったにもかかわらず、朝日新聞社は「職務著作」と決めつけているのである。

一六日の岩波書店との話し合いで、朝日新聞社の執行役員は今回の本について、朝日新聞社の「発意」が存在する根拠を二つ示したとのことだった。一つは、六年前に私が大阪秘書役を引き受けるにあたり、「襲撃事件の取材を続ける」ことを条件にし、朝日新聞社がそれを認めたこと。もう一つは、数年前に私が襲撃事件の取材経過をまとめた論文を朝日新聞社の雑誌『ジャーナリズム』に投稿した際、朝日新聞社がその掲載を認めたことだそうだ。私の取材、執筆行為を認めたということが、今回の本の提案にどう繋がるというのか。まして、私は朝日新聞社をすでに退職している。岩波書店の担当の弁護士も、私が個人的に依頼した弁護士も、「朝日新聞社の主張には相当無理がある」との見解を示している。

昨年(二〇一七年)、朝日新聞社を退社して間もなくの元記者二人が記者時代の経験を元に本を出した。隈元信一氏が『永六輔』、徳山嘉雄氏が『新聞の嘘を見抜く』。いずれも平凡社新書だった。二人とも退職した年に、記者時代の取材経験を元に執筆、出版しているが、裏カバーの「著者欄」には個人の名前があるだけで、朝日新聞社の名前はない。つまり、朝日新聞社は著作権者にはなっていない。退職した元新聞記者が本を書く場合、記者時代に取材したことに触れる内容であることが多いと思う。朝日新聞社の大先輩の柴田鉄治氏(故人)は『新聞記者という仕事』『組織ジャーナリズムの敗北』など記者時代の経験に基づく著書が多数あるが、いずれも個人の著作となっている。朝日新聞社を退社した元記者が書いた本で、著作権者が「朝日新聞社」となっているケースを、私は寡聞にして知らない。もちろん、私が知らないだけかも知れないが、退社後も「職務著作」を主張する根拠が私にはわからない。

ビル・クリントン氏、ジョージ・ブッシュ氏、キッシンジャー氏ら米国の歴代大統領や政府高官らは在職中の経験について詳細な回想録を書いているが、すべて個人の著作権で出版されている。大統領として蓄積された情報を元にした著作物の著作権は米国政府にあるのだ、と朝日新聞社は主張するのだろうか。

数年前、私は朝日新聞のホームページに赤報隊事件のコーナーを設け、犯人についての情報を集める窓口にしてほしいと会社に要望した。しかし、大阪本社の編集局長（後の社長）からも「社会部の負担が大きくなる。樋田さんが会社を辞めて個人として自由に作られたらどうか」と言われ、私は諦めた。そうか、会社を辞めれば「自由」が得られるのか。その時、私はそう思ったことを覚えている。

新聞社という組織ジャーナリズムの世界にいた者は、たとえ退職しても、在社中に取材し、体験したことを、会社の了解なしに自由に書くことは許されない。書く場合には、新聞社にお伺いを立て、検閲（原稿のチェック）を受けなければならない。なぜなら、その著作権は新聞社に所属しているのだから。朝日新聞社は、そう主張している。ことは「内心の自由」の問題に近い。ジャーナリストを志す人間は誰もそうだと思うが、私は朝日新聞社という組織に魂を売って記者になったのではない。一人前の記者になるということは、自分で考え、自分で悩み、自分で原稿を書く記者になるということだ。自立し、批判精神を持つ記者たちが力を合わせて取材相手の壁を突破する。それが組織ジャーナリズムの力のはずだ。退職した記者に「職務著作」の考えを押し付け、原稿の検閲を要求する行為は、記者の「内心の自由」を奪うことにつながりかねない。「内心の自由」は、自らの思想・信条を国家によって制限されないことを指すが、組織によって制限されることも、あってはならない、と私は思う。

しかし、朝日新聞社の執行役員は、岩波書店や私の反論に応えるためなのか、「退職した元社員にも職務著作の考え方を徹底できるように、従業員就業規則の改正を検討している」と話したという。この発言は、現状の就業規則は退職社員の著作物に「職務著作」の網をかけるには不十分だと自ら認めることにも繋がると思うが、一方で、規則が整えば、朝日新聞社のOB、そして現役社員も退職後、自由にものを書けなくなる。こうした動きが同業他社に広がれば、組織ジャーナリズムで仕事をする仲間たちの「萎縮」に繋がるのではないか、と危惧している。

繰り返すが、私は朝日新聞社から、襲撃事件の本を書いてほしいと要請されたことは一度もない。阪神支局襲撃事件の公訴時効が成立した一六年前のことになるが、私が取材班のキャップとして取りまとめた本を朝日新聞社から出そうと考え、事業開発室（当時の社内出版の窓口）に提案したところ、「売れそうにない」「採算が取れない」ことを理由に断られた。当時、窮地を救ってくれたのが岩波書店で、『新聞社襲撃　テロリズムと対峙した15年』という書は岩波書店から出版された。今回の本について、「あなたに本を書いてもらうことを期待していた。出版を予定していた」と今になって主張されても、その主張に無理があることは、法廷での争いになっても必ず証明できると私は思っている。

朝日新聞社は「職務著作」の主張とは別に、私の本の内容について、名誉毀損、守秘義務違反、業務妨害など様々な不法行為につながる記述がある可能性があると、岩波書店に対して主張したという。具体的に言えば、同社の執行役員が「本の記述によって、現役の社員たちが危険にさらされる可能性がある」「警察取材の内情が書かれることによって、警察との信頼関係に深刻な影響が出る可能性がある」「朝日新聞社の秘密事項を社の了解なく漏らし、守秘義務違反にあたる可能性がある」などと主張したという。お見せしていない原稿のどこを指して、そう主張しているのか、まったく理解に苦しむ。
私は、今回の本を準備するため、かつて取材を一緒にした後輩たちの何人かに、原稿を見せ、チェックを依頼した。もしかしたら、そのうちの一人が会社側に原稿の内容を伝えたのかもしれない。朝日新聞社は今回、岩波書店と私に対して、本のゲラ原稿の提出を執拗に求めた。著作権法のどこにも、ゲラ原稿などの開示請求権や引渡し請求権を認める条項はないにもかかわらずである。私が本の中で、朝日新聞社を批判する箇所があることを察知したため、私に対しても岩波書店に対しても、「原稿のチェック」を執拗に要求し続けたのかもしれない。

あえて言えば、今回の本で、私は朝日新聞社が「秘密事項」と考えていることを、いくつか書いたかもしれない。しかし、本の記述によって、現役の朝日新聞社員、後輩たちに迷惑をかけ、その身を危険にさらすことはありえない。身の危険があるとすれば、私自身だと思うが、それは覚悟の上である。警察への取材に悪影響を及ぼす可能性などもありえない。会社側が考える「秘密事項」の中に、『(過去の)社長の回顧録』が含まれているかもしれないが、本の中で「報道機関の代表者を務めた人物の回顧録は一定の年限を経た後、公開されるべきだ」という私の見解を述べた上で、引用させていただいた。それが問題だというのであれば、裁判などの公開の場で議論し、決着するしかない。

私は一五年前に一連の朝日新聞襲撃事件がすべて公訴時効になった後も、細々とだが犯人を追う取材を続けてきた。昨年五月、襲撃事件から三〇年の朝日新聞の特集記事で、私のことを紹介していただいたが、その際も私がしてきたことは「取材」ではなく「調査」と記事で表現されていた。社会部記者としての仕事ではなかったので、そう表現したのだと思う。時効成立後の取材は基本的に一人で続け、「大阪秘書役」という本来の業務には支障をきたさないようにしてきた。本来の業務で出張する際に、その業務の合間を縫って右翼関係者らに会ってきた。取材メモも会社では作らず、帰宅後の夜や週末の休みを割いて作成してきた。誰に公表するでもなく、自分自身に対して記録を残してきた。

本来なら、朝日新聞社は組織として、時効成立後も犯人を追う仕事を続けてほしかった。続けるべきだったのではないかと私は思う。新聞業界は構造不況下にあり、明日の紙面を埋める以外の仕事に人を割く余裕がなかったのだろう。しかし、そうであるなら、せめて、朝日新聞社を退職した私が「より自由な立場」で過去の取材経過をまとめた本を出版することを邪魔しないでいただきたい。私が四一年間在籍した朝日新聞社に対する、唯一のお願いである。〉

以上が、当時用意していた手記である。まさかとは思いつつ、朝日新聞社が出版差し止めの訴訟を起こす事態など想定し、この手記を準備していた。朝日新聞社からの「圧力」に屈することなく、『記者襲撃』を世に出してくれた岩波書店に改めて感謝している。

性急な社主制度の廃止、『最後の社主』『記者襲撃』出版への抗議と検閲要求。あえて共通点を挙げれば、朝日新聞社の高圧的な態度であり、度量に欠けた、異論を認めない姿勢である。経営幹部らが余裕を失っているようにも思える。

「出口が見えないのです。私たちはどうすればいいのか？」

今年（２０２１年）3月末、朝日新聞社の後輩記者二人と会った。経営悪化の中で、現場へのしわ寄せが強まっていることが、二人の話からひしひしと伝わってきた。会社が45歳以上の社員を対象に退職者を募り、すでに１５０人ほどが応募していること。地方取材網では、記者の原稿を見る「デスク」という役職者を置かない支局が目立つこと。販売店の撤退も相次ぎ、地方紙の販売店に配達を委託するケースが増えていること……。要するに、組織縮小・撤退の話題ばかりで、「いつまで記者を続けることができるのか」という深刻な不安が現場に広がっていることがわかった。私が在社中、最も信頼していた40歳代の記者が「出口が見えないのです。私たちはどうすればいいのか？」と打ち明けた。

ネットの普及を背景とした若者たちの新聞離れ。その結果としての部数激減、コロナ禍で観光・イベント業界などが大打撃を受け、それによる広告収入の激減。会社の屋台骨を支えている40歳代以上の働き盛りの記者たちが、「沈みゆく船にとどまるべきか、逃げるべきか」を真剣に悩んでいることがわかった。この記者は「会社がコンプライアンス（法令遵守）を重視するのは理解できないわけではないけれど、私たちはもっと自由に書きたい」とも話した。

東京本社管内の別の50歳代の記者は「ある団体の広報が、不祥事を起こした幹部職員らの処分を匿名で発表した。独自取材をして実名で記事にしたら、広報担当者からクレームが来た。上司が突っぱねるのかと思ったら、お詫び記事を書いて対応するように指示された。指示には従ったが、事なかれ主義を感じ、釈然としなかった」と私に伝えてきた。

自らの歴史を大切にしない会社に未来はない

朝日新聞社は、すでに退職している私の言論活動に対しても、就業規則などを盾にさまざまな難癖をつけてきた。現役の記者たちの「自由」が狭まりつつあることは、容易に想像できる。

２０１４年夏、朝日新聞社は「従軍慰安婦」問題と福島第一原発の「吉田調書」記事の取り消しをめぐり、世間の大バッシングを受け、購読中止の読者が相次ぎ、部数が急減した。あの事件がトラウマとなり、致命傷になりかねない「不祥事」を未然に防ぐために、記事作成や取材方法をめぐる社内管理を強化した。だが、それが記者たちの萎縮現象を招来し、特ダネなども出にくくなったともいわれている。

私は、『最後の社主』執筆にあたり、『村山龍平傳』など朝日新聞社の社史に類する資料を熟読した。明治12（1879）年に創業した当時の朝日新聞社は、編集7人、探訪（記者）5人、他に印刷職工、庶務掛などを雇う小さな会社だった。「（朝日新聞社の創業について）当時の大阪市民は、もとより何等注意を払わなかった。『また一つ新聞が出て来た』くらいのものであったろう」と同書に書かれている。

創業にあたり、村山龍平が名目上の社長を引き受けたが、実質的な経営者は村山龍平の知人の息子。新聞発行には、取材・編集・印刷・配達などに多額の資金が必要で、創業翌年の明治13年の年末には「赤字が約四千円にも達して窮迫のドン底に陥った」とある。月決めの新聞代が30銭の時代、当時の4000円は、現在の貨幣価値なら5000万〜8000万円にも匹敵し、当時の会社の規模を考えると、倒産寸前の状態であった。実際の話、東京でも大阪でも、雨後の筍のように新聞社が誕生し、経営難で次々に消えていったようだ。

しかし、同書の記述は「この窮乏にも拘らず幸い社の内部は同心協力の実を失わず、どこまでも和やかな空気のうちに万難を克服して精励し、紙代、インキ代の不払いに悩みながら一日の休刊もせず、また新聞の声価も落とさず……」と明るいトーンで続いている。

明治14年に名実ともに経営を引き継いだ村山龍平は、経理に才のある上野理一を招いて、経営の立て直しに全力を挙げた。『村山龍平傳』は「十四年以降の朝日新聞は村山、上野両人の朝日新聞であって、村山龍平伝は一面において上野理一伝ともなる」とまで書き、上野理一の功績に多くのページを割いている。

村山・上野の体制で再出発した直後、朝日新聞社は大阪府から「発行停止命令」を受け、3週間にわたり休刊を余儀なくされた。紙面で連載していた「平仮名国会論」の中で政府が国会開設を故意に遅らせていると批判したことなどが原因とみられるが、停止処分が解除されると、「朝日新聞解停」と大書した横断幕を掲げ、赤い法被姿の販売店員らが鈴を鳴らしながら大阪市内を賑やかに練り歩き、「発行停止に負けない朝日新聞」を強くアピールした。

　発行停止は経営的にも大打撃で、その後も苦しい資金繰りは続いたが、それでも、志高く、記者、編集者を目指す有為な青年たちが相次いで集まってきた。彼らには、失うものがなく、したがって、怖いものもなかった。その後も続いた言論弾圧にもめげず、むしろ、そのことを宣伝材料として活用しつつ、着実に読者を増やしていった。『村山龍平傳』には、まだ若かった二人の創業者、そして当時の青年記者、青年編集者たちの意気軒昂とした姿が活写されている。

　未曾有の経営危機を、朝日新聞社はどう乗り越えていけるのか。私には、答えを見つけられない。しかし、少なくとも、現場の記者たちが強く望んでいるように、記者たちを萎縮させるのではなく、自由に書く場を広げていくべきだと思う。朝日新聞社には有能な人材が揃っていると確信している。新たな経営陣にも、若い記者たちにも、社史を紐解き、創業時の青年たちの元気に満ちた精神を知ってほしい。自らの歴史を大切にしない国に未来はないように、正負を含めた自らの歴史を大切にしない会社にも、未来はない。

第五章

2014年の朝日新聞　第1部
――「吉田調書」「慰安婦問題」「池上コラム」の点と線

中川和馬

２０２１年３月末、朝日新聞の「特別報道部」がひっそりと姿を消した。「特別報道チーム」という名で２００６年にスタートしたこのセクションは、隠された事実を掘り起こすというジャーナリズム本来の「調査報道」を担う目的で立ち上げられ、２０１２年には震災における原発事故を取材した連載「プロメテウスの罠」、２０１３年には「手抜き除染」報道でそれぞれ新聞協会賞を受賞するなど、朝日のスター記者が集まる花形部署として業界では広く知られた精鋭チームだった。

なぜ、特別報道部は廃止されたのか。その最大の理由となったのが「吉田調書」記事取り消し問題である。

朝日新聞は２０１４年５月、当時政府が公開していなかった「吉田調書」（福島第一原発の故・吉田昌郎《まさお》元所長に対する政府事故調の聴取記録）をスクープした。だがその後、記事の内容をめぐって異論が噴出し、最終的に朝日は同年９月、記事の取り消しを発表し、取材にかかわった記者や関係者を処分した。

だが新聞社としてはきわめて異例の対応となる「記事取り消し」の代償は大きかった。吉田調書のスクープにかかわった木村英昭記者と宮崎知己記者は、社の対応に納得せず退社。デスクだった鮫島浩氏も、特別報道部の終焉とほぼ同時期に49歳という年齢で、自ら朝日新聞に別れを告げた。

この問題では、木村伊量《ただかず》社長（当時）が引責辞任を余儀なくされ、また看板だったはずの特別報道部の存在意義が内外から否定されるなど、「朝日にとって1989年に起きた〝サンゴ事件〟以来の最大級の衝撃」（現役記者）と呼ばれるほどの大きな傷跡が残された。

あれから7年の時が流れた。嵐のような批判も沈静化し、平穏を取り戻したかに見える朝日新聞だが、この問題はまだ終わっていない。

朝日を去ったエース記者たち

前述の木村英昭記者は退社後、「朝日の誤った対応により自らの名誉を毀損された」とし、朝日新聞社を相手取り110万円の損害賠償を求める（実質的には「記事取り消し」を無効と認めさせる）民事訴訟を起こした。一審判決は原告である木村氏の敗訴に終わったが、控訴審はいま（2021年4月現在）も続いている。

判決の是非は置くとして、この民事訴訟で明らかにされたさまざまな事実は、朝日新聞社が直面する苦境と課題を象徴的に示している。

エースと目されていた記者たちは、なぜ社を去らねばならなかったのか。

記事取り消しにかかる経緯、背景については、朝日新聞が紙面で公表した見解、またPRC（報道と人権委員会＝朝日新聞社の第三者機関）の検証結果があるほか、処分された記者たち側の視点として、やはり特別報道部で活躍し、2016年に退社した渡辺周氏（「ワセダクロニクル」編集長）が発表した「葬られた原発報道」（『週刊金曜日』などに連載）がある。

朝日の現役記者たちの間では、「記事に問題がなかったとは言えないが、それを取り消したり、誤報と認定して現場記者たちを処分するなどした社の対応は間違っていた」との意見がいまなお支配的だが、その一方で「処分された記者たちは、自分たちの報道の欺瞞性《ぎまんせい》に素直な気持ちで向き合っていなかった」という批判的な声も少なくない。

後に詳しく述べるが、朝日新聞は2014年8月、過去の従軍慰安婦報道をめぐる検証結果を発表。慰安婦関連報道の一部が、取材対象者の虚偽証言に基づくものだったことを正式に認め、当該の記事を取り消した。そのタイミングと「吉田調書」問題が重なったため、世間やメディアからの批判が増幅し、朝日は手が付けられないほどの暴風雨に見舞われた。

本来であれば、歴史的スクープになるはずだった「吉田調書」が、朝日新聞自身を脅かす火種になるという悲劇はなぜ起きたのか。本稿では、裁判で明らかにされた事実をもとに、中立的な立場からそれを検証してみたい。

まずは「吉田調書」問題の大まかな経緯と、当時朝日新聞が抱えていたいくつかの大きな問題を、それぞれ振り返ってみることにする。

極秘の「公式調書」

〈原発所員、命令違反し撤退　震災4日後　9割が福島第二へ〉

この衝撃的な見出しを掲げた「大スクープ」が朝日新聞の一面トップを飾ったの

は2014年5月20日のことである。記事のリードにはこうある。

〈東京電力福島第一原発所長で事故対応の責任者だった吉田昌郎《まさお》氏(2013年死去)が、政府事故調査・検証委員会の調べに答えた「聴取結果書」(吉田調書)を朝日新聞は入手した。それによると、東日本大震災4日後の11年3月15日朝、第一原発にいた所員の9割にあたる約650人が吉田氏の待機命令に違反し、10キロ南の福島第二原発へ撤退していた。その後、放射線量は急上昇しており、事故対応が不十分になった可能性がある。東電はこの命令違反による現場離脱を3年以上伏せてきた。〉

このスクープは、政府が公開していなかった極秘の「公式調書」をスッパ抜いた点にある。

A4用紙400ページ以上にも及ぶ膨大な分量の調書は、事故から4カ月後の2011年7月から11月にかけ、政府事故調に出向した検事が、福島第一原発の吉田所長（当時）に約29時間のヒアリングを実施してまとめられた、一問一答形式の証言録である。

当時、メディアの取材にはほぼ対応していなかった吉田所長が事故のすべてを語るという、まさに福島第一原発事故の状況を理解するうえでどうしても必要な、第一級の資料だった。

当時朝日新聞の経済部に所属していた木村英昭記者が、この調書の全文コピーを入手したのは２０１３年11月ごろのことだった。

木村記者は、震災取材で盟友関係にあった特別報道部の宮崎知己記者とこの「吉田調書」を読み解き、客観的な事実と調書の内容を照合させる作業を２人だけで密かに進めた。その後、木村記者は２０１４年1月に特別報道部に異動。調書の入手は鮫島浩デスクにも報告された。このとき保秘を徹底するあまり、調書が最後まで社内で共有されなかったことが、大きな問題を誘発する一因となる。

２０１４年5月20日、前述のとおり朝日は一面で「吉田調書」をスクープした。難解な専門用語に満ちた４００枚のペーパーの中で、朝日が第一報でハイライトしたのは「所長命令に違反し、福島第一原発の所員の9割が福島第二原発に〝撤退〟した」という内容だった。

「調書を読み込む過程で評価を誤った」

スクープの反響は大きかった。記事には「東電はこの命令違反による現場離脱を3年以上伏せてきた」とあり、東京電力と政府が、不都合な事実を隠してきたという印象を読者に与えている。

後に木村記者は「東電批判の意図はなかった」と説明したが、多くの読者の受け止め方はそうではなかった。「所長の待機命令を知りながら、ほとんどの東電社員はそれを無視し、職務を放棄して逃げた」との印象を受けた読者も少なからずいたはずである。

ところが、このスクープから間もなく「記事の内容は誤りではないか」という指摘が出始めた。

「ほとんどの所員は、記事にあるような待機命令を知らなかったと言っている。撤退という表現はおかしい」

当事者の吉田所長は前年7月、食道がんのため58歳の若さで死去しており、本人に事実関係を確認することはできない。

当初朝日の上層部は記事の内容に自信をみせ、「誤報」といった批判的な意見を掲載した『週刊ポスト』『FLASH』などの雑誌には厳重に抗議したうえで、訂正と謝罪を求める文書まで送っていた。

ところが8月下旬になると、急速に潮目が変わる。

朝日上層部は9月上旬、吉田調書のスクープにかかわったデスクと記者2名を特集班から外したうえで、「吉田調書」記事について、批判に答える「詳報記事」掲載を断念。「なぜ誤った記事が掲載されたか」という、謝罪前提での検証紙面づくりに取りかかった。

9月11日午後7時30分。木村伊量《ただかず》社長は東京・築地の朝日新聞東京本社で記者会見し、約100人の報道陣の前で頭を下げた。

「調書を読み込む過程で評価を誤り、多くの東電社員が逃げ出したかのような印象を与える間違った記事だと判断した」

翌12日の朝刊一面には「本社、記事取り消し謝罪」の見出しが掲載された。世紀の特ダネとなるはずだった「吉田調書」記事は、こうして朝日新聞の歴史から抹消されたのである。

安倍政権誕生と「慰安婦報道」取り消し

この「吉田調書」問題が起きた同時期、朝日新聞は別の難題とも向き合っていた。それが「慰安婦報道」と、それに付随する「池上コラム不掲載問題」である。ここからはこの2つの問題について説明したい。

前述の木村伊量氏が朝日新聞社の社長に就任したのは2012年6月のことだった。木村氏は前任の秋山耿太郎氏と同じく、政治部長経験者である。

木村氏は就任間もなく、朝日新聞の長年の課題と指摘されてきた、過去の従軍慰安婦に関する報道の再検証に着手する。

木村氏は2018年に発表した手記でこう述べている。

〈平成24年6月に社長に就任してからまもなくのことです。編集担当の役員から、前年に韓国の日本大使館前に慰安婦像が設置されるなど、慰安婦問題はさらに深刻化すると見られ、朝日としても内々に再調査する意向が伝えられ、同意しました。社のOBから「慰安婦問題を歴代の朝日トップはほおかむりしてきた。君の時代に決着させろ」という私信が届き、販売店ASAや若い記者諸君からも会合などで「いつまで誤報を放置するのですか」とたびたび詰問されるようにもなりました〉（『文藝春秋』2018年2月号）

朝日新聞は1982（昭和57）年以降、元作家・吉田清治氏（故人）の「戦時中、済州島で200人の女性を慰安婦として狩り出した」という証言を合計16回、記事化している。

だが、その証言の信憑性をめぐって多くの研究者、歴史家から疑問が相次ぎ、客観的に見て証言は虚偽だった可能性が濃厚になっていたにもかかわらず、朝日は正式に訂正、取り消しなどの対応を取ってこなかった。

折しも2012年12月に自民党が政権を奪回し、第二次安倍政権が発足した。安倍首相（当時）は政権奪還の直前であった同年11月、「朝日新聞の誤報による吉田清治という詐欺師のような男がつくった本がまるで事実かのように日本中に伝わって問題が大きくなった」と発言していた。朝日社内には「保守の安倍政権が慰安婦問題の検証を本格的に始めれば、朝日の社長が国会の証人喚問で追及されるのではないか」という危機感もあったという。

「自分で問題を決着させる」との決意を実行に移した木村社長のもと、朝日は独自の検証チームを編成し、済州島で聞き取り調査を行った。

結論から述べれば、やはり吉田清治氏の証言の裏付けは取れず、朝日は過去の報道が誤りだったことを何らかの形で説明する必要に迫られていた。訂正か、記事取り消しか、それとも謝罪するのか――さまざまな意見が交錯するなか、木村社長は「記事は取り消し、謝罪はせず」との方針を固めた。

2014年5月の「吉田調書」スクープから約2カ月半が経過した8月5日、朝日は慰安婦報道に関する検証結果を紙面に掲載。「読者のみなさまへ」と題し、次のように説明したうえで、関連記事16本を取り消すと発表した。

〈吉田氏が済州島で慰安婦を強制連行したとする証言は虚偽だと判断し、記事を取り消します。当時、虚偽の証言を見抜けませんでした。済州島を再取材しましたが、証言を裏付ける話は得られませんでした。研究者への取材でも証言の核心部分についての矛盾がいくつも明らかになりました〉

だが、このとき朝日は明確に謝罪しなかった。そのことによって「池上コラム不掲載」という新たな問題が発生することになる。

池上彰氏が「謝罪もするべき」

池上彰氏は、NHK出身の著名なジャーナリストである。

朝日新聞紙上に「新聞ななめ読み」（2021年3月で終了）という批評コラムを

連載していた池上氏は、2014年8月5日に朝日新聞が公表した慰安婦報道に関する検証記事に対し、次のような原稿を寄せた。

〈過ちがあったなら、訂正するのは当然。でも、遅きに失したのではないか。過ちがあれば、素直に認めること。でも、潔くないのではないか。過ちを訂正するなら、謝罪もするべきではないか。〉

〈今回の検証は、自社の報道の過ちを認め、読者に報告しているのに、謝罪の言葉がありません。せっかく勇気を奮って訂正したのでしょうに、お詫びがなければ、試みは台無しです。〉

このコラムは2014年8月29日の朝刊に掲載されることになっていた。だが、原稿を事前に読んだ木村社長は、「これが掲載されるなら社長を辞める」と激怒。朝日は池上氏に内容修正を打診したが、池上氏は「何を書いてもいいという約束だった。信頼関係が崩れた」とし、修正を拒否。連載も打ち切ると反発した。すでにゲラにもなっていたコラムは、土壇場で不掲載となった。

だが、池上氏はさまざまなメディアに連載を持つ人気ジャーナリストである。情報は瞬く間に拡散し、『週刊文春』と『週刊新潮』が、このコラム不掲載を「言論抹殺事件」として大々的に報じた。

結局、批判に耐えきれなくなった朝日は9月4日の朝刊で、池上コラムをそのまま掲載することになったが、いったんボツにした事実が消えることはない。

ここで、朝日は3つの問題を抱えることになった。

5月20日にスクープした「吉田調書」記事に対する疑義。これについては8月下旬、ライバルの読売新聞をはじめ、いくつかのメディアが同じ調書を入手しており、誤報ではないかとの指摘はさらに大きくなっていた。

そして8月5日の慰安婦報道検証記事について、謝罪がなかったことへの批判。

さらには、それを指摘した「池上コラム」を封殺した朝日新聞社の対応。

この3つが巨大な「朝日バッシング」のうねりを巻き起こした。販売の現場からも突き上げを食らった木村社長以下、朝日の上層部は、事態を収拾させるため「全面降伏」を選択するしかなかった。

それが9月11日の謝罪会見、「吉田調書」記事取り消しである。この会見は、「吉田調書」に関する会見ではあったが、合わせて木村社長は、慰安婦報道の訂正が早期になされてこなかったことについても謝罪している。

この記者会見に、朝日新聞記者は入れなかった。そのかわり、会見開始後30分ほどしたとき、次のようなメールが社員に一斉送信された。

〈吉田調書報道について、本社は、本日19時30分から記者会見を行っています。会見の冒頭、木村社長は吉田調書報道の『命令違反で撤退』は誤りだったと発表し、読者と東電関係者にお詫びしました。その責任を取って、杉浦編集担当役員の職を解き、自身も信頼回復の取り組みにおおよその筋道をつけた段階で速やかに進退について決断すると述べました。その間の報酬を全額返上するとしました。また、慰安婦問題についての吉田証言を虚偽だと判断したことに関し、誤った記事を掲載したこと、訂正が遅きに失したことをおわびしました〉

この全面謝罪で、朝日は一連の事件について、一応の区切りをつけたかに見えた。しかし、報道機関としての「本当の危機」は、まさにここから始まることになる。

スター記者への「死刑宣告」

２０１４年11月28日、朝日は「吉田調書」問題に関して、６人の処分を決めた。内容は次のとおりである（肩書きは「吉田調書」報道当時）。

◎市川誠一・特別報道部長……停職１カ月
◎市川速水・ゼネラルマネジャー……停職２週間
◎渡辺勉・ゼネラルエディター……停職２週間
◎鮫島浩・特報部デスク……停職２週間
◎宮崎知己・担当記者……減給
◎木村英昭・担当記者……減給

編集担当役員の西村陽一氏は、次のようなコメントを発表している。

〈社内調査の結果、取り消した記事は、意図的な捏造でなく、未公開だった吉田調書を記者が入手し、記事を出稿するまでの過程で思い込みや想像力の欠如があり、結果的に誤った記事を掲載してしまった過失があったと判断しました。原稿のチェックや評価、取材指示など上司が果たすべき役割を十分に果たさず、組織として誤りを防げなかったこと、掲載後に受けた批判に適切に対応しなかったことなども大きな誤りだったと判断しています。こうした判断を踏まえ、職責が重い人間に厳しい処分を適用しました。〉

新聞記者にとって、自分が担当した記事が取り消されたうえ、部署から外され、処分まで受けるというのは死刑宣告を受けたに等しい。

新聞社が記事を取り消すことはごくまれにあるが、重大な事実関係の完全な間違い(生存者を「死去」と報道するなど)や、記者による意図的な捏造があった場合など、ごく限られたケースのみに適用される。

朝日の場合、「昭和の三大誤報」のひとつとして知られる1950年の「伊藤律架空会見」(記者が実際に取材していないにもかかわらず、日本共産党幹部の伊藤律インタビューなる記事を掲載)や、カメラマンが自らサンゴを傷つけ、環境破壊を批判した1989年の「サンゴ事件」記事などが取り消されているが、それらと比べれば、吉田調書記事の「取り消し」は、かなり厳しい基準が適用された印象がある。

象徴的だったのは、2012年6月に起きた朝日の「任天堂社長架空インタビュー事件」だ。これは、任天堂の岩田聡社長(当時)に関する記事が、実際には同社のHPの発言を利用して作られたものであったにもかかわらず、実際に取材したインタビュー記事のように書かれていたというものである。

この一件が発覚したのは、吉田調書に関する謝罪会見(2014年9月11日)後だったが、朝日は記事を取り消すことなく、「おわび」にとどめている。記者に対する処分もなかったか、あっても公表されなかった。記事が特ダネ扱いでなかったことは確かだが、厳密に言えば「捏造」であり、吉田調書の場合と比べ記者の責任の度合いが重いことは間違いない。

「吉田調書」記事執筆者である木村英昭記者は、記事を取り消した朝日の決定に納得せず、特別報道部から外れ、選挙報道の部署に飛ばされてからも、社内の有志記者と6人のチームを結成し、記事取り消し決定のプロセスを密かに取材していた。

2016年に入り、もう一人の記事執筆者であった宮崎知己記者が朝日を退社した。そして同年8月、木村記者も後を追うように退社。宮崎氏はその後、新聞記者やOBが匿名で寄稿することも多いとされる会員制月刊誌『FACTA』編集長に就任。そして木村氏は調査報道を目指すNGO「ワセダクロニクル」に参画し、編集幹事をつとめている。

木村氏が、自らの名誉回復を求め朝日新聞を訴えたのは「幻のスクープ」から4年が経過した、2018年のことだった。

かつて、花形部署で活躍したスター記者が、自ら所属した新聞社と法廷で対峙する——それは残酷な構図である。

しかしこの裁判によって、あのとき朝日新聞で何が起きていたのか、そして組織としての問題点はどこにあったのか、その本質が明るみに出ることになった。それは、朝日がこれまで「吉田調書」記事取り消しについて行ってきたいかなる説明よりも、迫力と本音に満ちた内容となっている。

ここからは、裁判や各種報道で明らかにされた「記事取り消し」の顛末と、朝日側が主張した記者たちの「過失」について検証してみたい。

「記事取り消し」は不当

「吉田調書」をスクープした木村英昭氏は1968年生まれ。1995年に朝日新聞社に入社し、福島県郡山市局、東京本社地域報道部、経済部などを経て特別報道部に配属された。長く原発事故取材を続け、著書に『検証　福島原発事故　官邸の一〇〇時間』(岩波書店)、同僚の宮崎知己氏との共著に『福島原発事故　東電テレビ会議49時間の記録』(岩波書店)などがある。

木村氏は2018年3月、朝日の不当な「記事取り消し」により記者としての名誉を毀損されたとして、前述のとおり110万円の損害賠償を求める訴訟を東京地裁に起こした。冒頭に説明したとおり、すでに原告の請求を棄却する一審判決は2020年3月23日に出ているが、木村氏は控訴している。

木村氏は東京地裁に提出した陳述書で次のように述べている。

〈本件の対象となった「吉田調書」報道に関しては、朝日新聞社は、取材班に何の説明もなく、突然、2014年9月11日に本件記事を取消しました。私は同社内の有志記者と取材チームを作り、社内の取材を始めました。取材チームが結成された理由は、事実誤認のない本件記事を捏造記事と同列な扱いにして存在自体を消し去るという異常な判断を、報道機関を自称する組織が行なったことに対する危機感を持ったからでした。ベテラン記者2人をキャップにして、総勢6人で取材に当たりました。

私たちの取材によると、翌9月12日の朝刊に掲載された記事の中心部分は、当時、同社特別報道部のデスクだった、田井良洋、市田隆、山浦一人の3人が用意したものでした。しかしながら、この3人から、取材班に対して一切何もヒアリングをしていません。そもそも、取材班を外れるように市川誠一・特別報道部長から電話を受けたのが同月3日です。そう、池上彰氏のコラムを不掲載にした事件が外部に漏れ、大騒ぎになった翌日です。

朝日新聞社は、このときまでは本件記事に対する批判に反論する姿勢を取り続けていました。2015年の朝日新聞社会社案内に「吉田調書」記事を、朝日新聞社の成果として掲載しようとまでしていたのです。〉

〈同年9月9日午前9時11分に、上司である市川誠一特報部長から私の携帯に電話がありました。市川部長は「方針を決めるに当たって事情を聞きたい」とのことでした。これを承けて、私はその日の午後3時に同社東京本社2階の広報応接室で初めての事情聴取を受けました。菊池功GM補佐（危機管理担当）、藤原泰子GM補佐です。ですが、掲載に至る経緯を時系列で聞かれただけで、記事を取り消すということの説明などはありませんでした。

さらに、私は同月11日（本件記事取消しを発表する社長記者会見があった日です）の午前11時1分に、市川部長から再び電話を受けました。このときも話を聞きたいとのことで、同日午後3時29分から、同じ東京本社本館2階の広報応接室で話を聞かれました。

今度は、応対したのは市川部長と藤原ＧＭ補佐でした。市川部長はこの日に組まれる原稿を用意していたようですが、原稿は見せてもらえませんでした。私は、今回の聴取の場が何を意図したものであるかわからず、このため「これはいったい何の場だ」と市川部長に詰め寄ると、市川部長は「すまなかった。ついつい上司面が出てしまった」と謝罪しました。帰り際にも、市川部長は「今日はすみませんでした」と座ったまま両手に両膝を当てて、深々と頭を下げました。〉

〈本件記事の取材をしたのは取材班です。取材班が全く関知しない中で、何かが決められていっていると思いました。ジャーナリズムの原則とは異なる力学が作用していると受け止めました。

なお、これらの菊池GM補佐、あるいは市川部長による事情聴取はすべて録音されています。これらの事情聴取で何が話されたのか、あるいはどのような雰囲気でなされたのかといったことは、すべてこの録音を聞けば明らかになります。朝日新聞は、事情聴取の全体に立ち会ったわけでもない菊池記者を証人とし、その証言だけで裁判所の判決を得ようとしているとのことですが、これはおかしいと思います。まず、客観的証拠である録音を証拠とし、その内容を明らかにしたところで、尋問を行うべきだと考えます。

私は、木村伊量社長（当時）の介入によって引き起こされた池上コラム不掲載事件を沈静化するために「吉田調書」記事を誤報扱いにして、取り消すというシナリオができていたと考えています。実際、そのシナリオに沿うために、同社は同年9月12日付朝刊に掲載した識者コメントを捏造までしていました。〉

担当編集役員が「池上コラムが最も重大な責任」

木村氏以下、「吉田調書」取材班は、9月11日の謝罪会見と記事取り消しに、まったく同意、納得していなかった様子が伝わってくる。

原告である木村英昭氏は①慰安婦誤報②「池上コラム」不掲載問題③吉田調書のなかで、もっとも朝日にとって痛手となったのは「池上コラム」問題であったとの見解を明記している。池上氏のコラムを封殺しようとした朝日に大逆風が吹き荒れた。そのため、朝日は吉田調書を誤報だったことにして、この問題を沈静化させようとしたという主張だ。

朝日新聞には、朝日と対立する意見をあえて掲載することにより、リベラルな読者を満足させてきたという紙面づくりの伝統がある。いまも続く、外部識者による連載「わたしの紙面批評」はその代表例だ。

反対意見をも飲み込んで王者の貫禄を見せてきた朝日が、ついに「不都合なコラム」を弾いたという衝撃は大きかった。実際、２０１４年10月16日に行われた一連の問題に関する社内向け説明会でも、吉田調書報道当時の編集担当役員だった杉浦信之氏が次のような発言をしている。

〈私のなかでは現在でも、池上コラムが最も重大な責任であったと感じています〉

〈朝日新聞の最も大事なリベラルさ、多様な意見を載せるということを大きく傷つけたことが、私のなかでは最も大きな問題だと思っています〉

池上コラム封殺は、まさに当時の社長だった木村伊量氏の責任が厳しく問われることになるが、吉田調書であれば、取材班の過失を強調することによって、木村社長個人への風当たりはいくばくか緩和される。「吉田調書」記事取り消しは、経営陣の責任回避による「生け贄」になったと、原告の木村英昭氏は主張したのである。

吉田調書は、果たして取り消すべき記事だったのか。裁判では、元取材班の記者たちと、朝日新聞社が真っ向から対立した。明らかにされたのは、ドラマのような情報戦と大組織が抱える「弱点」である。（第2部に続く）

第六章　2014年の朝日新聞　第2部
——「吉田調書」記事取り消しをめぐる元記者との法廷闘争

中川和馬

記事の内容は果たして正しかったのか――2014年5月20日に朝日がスクープ報道し、後に取り消すことになった「吉田調書」。

福島第一原発の吉田昌郎《まさお》所長（当時）の待機命令があったにもかかわらず、9割の所員が福島第二原発に移動していたという記事の内容は、法廷においても検証されることになった。

もう一度、初報のスクープ記事を紹介しよう。

消されたスクープ記事

〈東京電力福島第一原発所長で事故対応の責任者だった吉田昌郎《まさお》氏（2013年死去）が、政府事故調査・検証委員会の調べに答えた「聴取結果書」（吉田調書）を朝日新聞は入手した。それによると、東日本大震災4日後の11年3月15日朝、第一原発にいた所員の9割にあたる約650人が吉田氏の待機命令に違反し、10キロ南の福島第二原発へ撤退していた。その後、放射線量は急上昇しており、事故対応が不十分になった可能性がある。東電はこの命令違反による現場離脱を3年以上伏せてきた。

吉田調書や東電の内部資料によると、15日午前6時15分ごろ、吉田氏が指揮をとる第一原発免震重要棟2階の緊急時対策室に重大な報告が届いた。2号機方向から衝撃音がし、原子炉圧力抑制室の圧力がゼロになったというものだ。2号機の格納容器が破壊され、所員約720人が大量被曝《ひばく》するかもしれないという危機感に現場は包まれた。

とはいえ、緊急時対策室内の放射線量はほとんど上昇していなかった。この時点で格納容器は破損していないと吉田氏は判断した。

午前6時42分、吉田氏は前夜に想定した「第二原発への撤退」ではなく、「高線量の場所から一時退避し、すぐに現場に戻れる第一原発構内での待機」を社内のテレビ会議で命令した。「構内の線量の低いエリアで退避すること。その後異常でないことを確認できたら戻ってきてもらう」

待機場所は「南側でも北側でも線量が落ち着いているところ」と調書には記録されている。安全を確認次第、現場に戻って事故対応を続けると決断したのだ。

東電が12年に開示したテレビ会議の録画には、緊急時対策室で吉田氏の命令を聞く大勢の所員が映り、幹部社員の姿もあった。東電はこの場面を「録音していなかった」としており、吉田氏の命令内容はこれまで知ることができなかった。

吉田氏の証言によると、所員の誰かが免震重要棟の前に用意されていたバスの運転手に「第二原発に行け」と指示し、午前7時ごろに出発したという。自家用車で移動した所員もいた。道路は震災で傷んでいた上、第二原発に出入りする際は防護服やマスクを着脱しなければならず、第一原発へ戻るにも時間がかかった。9割の所員がすぐに戻れない場所にいたのだ。

その中には事故対応を指揮するはずのGM（グループマネジャー）と呼ばれる部課長級の社員もいた。過酷事故発生時に原子炉の運転や制御を支援するGMらの役割を定めた東電の内規に違反する可能性がある。

吉田氏は政府事故調の聴取でこう語っている。

「本当は私、2F（福島第二）に行けと言っていないんですよ。福島第一の近辺で、所内にかかわらず、線量が低いようなところに一回退避して次の指示を待てと言ったつもりなんですが、2Fに着いた後、連絡をして、まずはGMから帰ってきてということになったわけです」

第一原発にとどまったのは吉田氏ら69人。第二原発から所員が戻り始めたのは同日昼ごろだ。この間、第一原発では2号機で白い湯気状のものが噴出し、4号機で火災が発生。放射線量は正門付近で最高値を記録した。〈木村英昭〉

このあと、さらに「命令違反」の行動がなぜ起きたのか、その分析と解説が続く。そして最後に「担当記者はこう見た」として、木村英昭記者は議論なき原発再稼働に疑問を呈している。

〈暴走する原子炉を残し、福島第一原発の所員の9割が現場を離脱したという事実をどう受け止めたら良いのか。吉田調書が突きつける現実は、重い課題を投げかけてくる。

吉田氏は所員の9割が自らの待機命令に違反したことを知った時、「しょうがないな」と思ったと率直に語っている。残り1割の所員も原子炉爆発の場合の大量被曝を避けるため、原子炉を運転・制御する中央制御室でなく、免震重要棟2階の緊急時対策室にほぼ詰めており、圧力や水位など原子炉の状態を監視できない時間が続いた。

吉田調書が残した教訓は、過酷事故のもとでは原子炉を制御する電力会社の社員が現場からいなくなる事態が十分に起こりうるということだ。その時、誰が対処するのか。当事者ではない消防や自衛隊か。特殊部隊を創設するのか。それとも米国に頼るのか。

現実を直視した議論はほとんど行われていない。自治体は何を信用して避難計画を作れば良いのか。その問いに答えを出さないまま、原発を再稼働して良いはずはない。（木村英昭）〉

この記事を取り消した理由について、朝日は「多くの東電社員の方々がその場から逃げ出したかのような印象を与える間違った記事」としている。

しかし、木村記者は「命令違反があった外形的事実に間違いはなく、『逃げた』という表現も使っていない。記事取り消しは不当である」と主張した。

ここから、スクープ記事をめぐる朝日社内の出来事を、時系列で追ってみることにする。構成にあたっては、過去の朝日新聞記事、「朝日新聞社報道と人権委員会」(PRC)が2014年11月12日に公表した見解、木村英昭氏が朝日新聞社を訴えた民事訴訟における陳述書や証人尋問記録、『週刊金曜日』に連載された「葬られた原発報道」(執筆者は元朝日新聞特別報道部記者の渡辺周氏)などを参照している。

「超ド級のスクープだ」

特報の原点は、2013年11月、木村英昭記者が「吉田調書」全文のコピーを入手したことだった。政府が非公開としていた吉田調書は、入手した時点で大スクープ確実の第一級資料である。

木村記者は、東電と原発事故に詳しい宮崎知己記者(当時デジタル委員)とともに、A4で約400ページある資料を読み込んだ。このとき、ごく限られた上司に「吉田調書」入手の事実を伝えたが、現物を見て、内容を精読していたのは2人の記者だけだった。木村記者は2014年1月に特別報道部へ異動。近い将来、朝日の大スクープとして「吉田調書」が報じられる舞台が整った。

木村記者、宮崎記者、そして鮫島浩デスク（次長）は、腕利き揃いの特報部のなかでも、震災報道に強いきわめて有能な記者として知られていた。宮崎記者は2012年、連載「プロメテウスの罠」で新聞協会賞を受賞。鮫島次長も2013年、「手抜き除染」報道で新聞協会賞を受賞している。この「吉田調書」は、3年連続で朝日が新聞協会賞を狙える大ネタだった。

記事が掲載される2日前の5月18日、紙面用とデジタル用の予定稿が科学医療部や政治部にも示され、細部のチェックが実施された。そのとき、科学医療部の記者からは次のような質問も出たという。

「所長命令にどの程度強制力があるのか、位置づけがはっきりしない」

「『違反』と言っていいのか」

「『指示に反して』や、『意に反して』ではどうか」

違反と言い切れるのかという趣旨である。この懸念は、後に噴出することになる記事への批判とほぼ重なり合っていた。

鮫島デスクはこう説明した。

「そこはすでにいろいろ議論した上で、こうなった。所長命令があったことは複数の東電内部資料で裏付けられている。周りに多くの人がいて聞いていることは明らか。『違反』も『反して』も変わらない」

5月19日、記事を確定させる組み込み日にも、大阪本社から「『命令』ではなく『指示』ではないか」との質問が出たが、鮫島デスクは「『命令』で間違いない」と押し切っている。

このとき、朝日社内の一部にも、記事や見出しについて疑問を呈する意見はあったが、担当記者、デスクの実績が信頼されていたことに加え、現場は大スクープ前の高揚感に包まれており、2人の記者以外、しっかりと吉田調書の内容を読んでいない(鮫島デスクも精読はしていなかった)状態のまま、記事は20日の朝刊に掲載された。

後に記事を取り消し謝罪することになる木村伊量《ただかず》社長も「平成26年5月20日の朝刊トップ記事を見て『超ド級のスクープだ』と小躍りしたものです」（『文藝秋』2018年2月号）と、当時の心境を語っている。5月21日には、社内賞である編集担当賞とデジタル担当賞が現場記者に贈られた。紙面と連動していた朝日の「吉田調書」特設サイトは、最初の1週間で109万アクセスを記録したという。

「命令」と言えるのか

鮫島デスクは、社内から吉田所長の「命令」という表現が適切かどうかの問い合わせを受けた際「調書以外にも、裏付け材料がある」と説明していた。

その一つが「柏崎刈羽メモ」と呼ばれる東電の資料である。

新潟県にある柏崎刈羽原発。震災当時、東電のテレビ会議システムがつながっており、映像そのものは残っていないとされるものの、刈羽原発所員が発言を分単位で記録した時系列メモが残っていた。そこに、吉田所長の発言（3月15日午前6時42分）として「構内の線量の低いエリアで退避すること。その後本部で異常でないことを確認できたら戻ってきてもらう」との内容があった。木村記者、宮崎記者は、調書の裏付けとなる「命令」が存在した根拠として、このメモを重視していた。

だが、たとえ「命令」があったとしても、それが所員たちに伝わっていなければ、そもそも「違反」という認識もなく、福島第一原発から第二原発に移動したことに対する評価も異なってくる。実際、「その場にとどまれ」という所長命令を認識していたという所員の証言は得られていなかった。

そして、この「命令」が唯一絶対のものではなく、実行不可能であった場合の別の「命令」、つまり二段構え、三段構えの「命令」があったとすれば、外形的な命令違反が存在したかどうかではなく、全体状況を頭に入れた理解が必要になることは間違いない。

この部分は裁判でも争点の核心となったが、少なくとも記事を報じた後、ある時期までの朝日は特報部を信頼し、外部からの批判（主に、所長の命令を聞いた所員は存在せず、逃げたように報道するのはおかしいという指摘）に対しては、抗議し訂正を求める強い態度を取っていた。

6月下旬、朝日は「吉田調書」スクープを2014年度の新聞協会賞編集部門にエントリーすることを決めた。エントリーの締め切り日は7月3日だった。

新聞協会賞の受賞を狙っていくには、一部週刊誌で指摘されていた記事内容への疑問などに答え、初報の目的を補足説明する必要がある。そう考えた朝日は、「原発事故の真相を明らかにし、原発政策の今後を考える議論の材料を提供すること」「第一原発を離れた一人ひとりの行動の是非を問うことではない」ことを伝える詳報紙面を計画する。

しかし、その後の追加取材でも「命令違反」であることを補強する事実は確認できず、「命令違反という実態は、やはりなかった」という批判がさらに大きくなると考えた朝日は、詳報記事の掲載を見送る。

7月24日、新聞協会賞の第一次審査が実施され、「吉田調書」は落選した。このあたりで、社内の雲行きはすでに怪しくなっていたが、朝日が歯車を逆回転させるようになるのは、もう少し先の話である。

「強く行け」「絶対に謝るな」

8月5日、朝日は過去の「慰安婦報道」について検証結果を紙面で報道。記事を取り消したものの、謝罪がなかったことで朝日に対する批判圧力はさらに高まっていく。慰安婦報道の証言者が吉田清治氏、「吉田調書」の証言者も同じ姓の吉田昌郎氏だったことで、週刊誌は「ダブル吉田誤報」の見出しで朝日を叩いた。

しかし、この時点でまだ朝日は「吉田調書」報道は誤報にあらず、との姿勢を崩していなかった。

翌年度に配布する予定の学生向け会社案内には「吉田調書」をスクープした木村記者、宮崎記者が写真入りで紹介される運びとなっており、8月28日にはそのゲラが当事者のもとに届けられていた。

宮崎氏は、木村氏と朝日の訴訟において、原告の木村氏の主張を補強する陳述書を提出しており、そこにはこのような記述がある。

〈8月になると、本件記事に批判的な報道が現れました。これに対して、8月25日には、同月31日組み（9月1日朝刊掲載）で、総合面、特設面を使って詳報するようにとの指示があり、取材班の鮫島デスクは「杉浦さん（信之・取締役編集担当）は『強く行け』『絶対に謝るな』と言っている」と、取材班に会社上層部の意向を伝えてきました。この意向が示されたのには明確な理由があります。菊池記者（GM補佐）が吉田調書全文を読み、5月の報道は間違っていないとの判断を下したからです。しかしその後、この詳報は、当初予定されていた8月31日組みが9月4日組みに変更されました。これは、9月3日に新聞協会賞が決定されるところ、当時、朝日新聞はもう1つ、猪瀬知事に関する記事を新聞協会賞に推薦していたため、その決定に悪影響が出るのを防ぐため、9月4日にずらしたということでした。〉

「強く行け」「絶対に謝るな」——これがなぜ、約半月後に「記事取り消し」となってしまったのか。流れを大きく変えたのが、すでに第1部で説明した池上コラム不掲載問題である。

9月2日、池上氏も連載を持つ『週刊文春』が、朝日のコラム不掲載問題をウェブで速報する。これによって、凄まじい朝日批判の嵐が巻き起こり、一部の朝日現役記者たちが、個人のＳＮＳで自社の対応を批判したり、「各部のデスクが編集局長室へ押しかけ、編集局長を吊るし上げる」（宮﨑氏の陳述書）事態にもなったという。

９月３日には、猪瀬直樹都知事に関する記事（徳洲会からの５０００万円提供問題）が新聞協会賞を受賞したものの、こちらはほとんど話題にもならず。同日、木村記者、宮﨑記者、鮫島デスクは特報部から外される。

９月４日に組まれるはずだった詳報記事も急遽取りやめとなったばかりでなく、今度は記事に問題があったことを前提とする「検証記事」が組まれることが決まった。それを決めたのは、危機管理役として木村伊量社長に呼び寄せられた大阪本社代表の持田周三常務（政治部出身）である。

取材班を外された木村記者と宮﨑記者は９月４日夜、東京・水道橋の「デニーズ」の一席にいた。

「最悪の時を覚悟したほうがいい」

宮崎記者は、木村記者にそう語ったという。その「予言」は1週間後、現実のものとなる。

記者たちへの「事情聴取」

9月9日、朝日は「吉田調書」に関して11日夜に記者会見することを決めた。これに関連して、記事にかかわった記者たちの「事情聴取」が始まる。

木村記者に対して行われた聴取については、すでに第1部で紹介した。ここでは、宮崎記者が受けた聴取について、本人の陳述書から紹介する。

〈9月9日になると、菊池功GM補佐から、本件記事について事情聴取をされるということになりました。この時期になってなぜ事情聴取をされるのかについて、その理由はわかりませんでしたが、事情聴取されたのは私だけではなく、市川(誠一)特報部長、鮫島特報部デスク、私、木村記者(原告)の4人です。

この順番で聞かれたので、私は3番目でした。聞いたのは、菊池氏と藤原泰子G

M補佐の2人です。事情聴取は録音していましたので、そのときのやり取りの内容は、これを聞いていただければ正確にご理解いただけます。

私は、なぜ菊池GM補佐が事情聴取をするのか、その理由はわかりませんでした。菊池記者は吉田調書の全文を実際に読んでいて、本件記事について問題があるとは思っていないという見解を持っていたということを聞いていましたので、本件記事について問題があるので、事情聴取をしているとは思いませんでした。

実際、このときも本件記事の取材の経緯について事情は聞かれませんでしたし、取材メモを見せて欲しいとか、誰に取材したとか、取材対象にどんな質問をしたかといったことは聞かれませんでした。まして、本件記事を取り消すといった話は全く出ませんでした。政府が事故調の聴取結果を開示するので、それに合わせて朝日新聞でも記事を掲載するという話が出ただけです。その記事について、私や木村記者は外れてもらうという話が出たので、私は「なぜ取材班を外すのか」とは思いましたが、この日の話はその程度でした。執筆の経緯については聞かれましたが、そこに問題があるという話は出ませんでした。〉

〈ところが、９月10日になると、菊池氏の姿はなく、市川特報部長と藤原ＧＭ補佐と話をすることになりました。

前日の菊池ＧＭ補佐との話は穏やかな事情聴取風のものでしたが、10日の市川特報部長との話はこれとは全く違うものでした。市川氏が、原稿のようなものを読み上げて「このとおりでよいか」と私に尋ね、私がそれは全く違うと言って反駁するというのが基本のパターンで、このやり取りが延々と続けられました。

そもそも市川記者は、特別報道部の部長であり、昨日（９日）は事情聴取をされていたはずなのに、今日（10日）になると、突然、立場が変わって、私を詰問するというのはどういうことなのかということが全くわかりませんでした。藤原ＧＭ補佐はオブザーバーであると言っていましたが、どういう役割でこの場に臨んでいたのかよくわかりませんでした。

上に述べましたように、この日は、市川氏が原稿を読み上げて、これでよいかということを私に聞いてきたのですが、その原稿というのはひどいものでした。本件記事を攻撃してきた産経新聞などの記事を丸写ししたようなものでしかありませんでした。当然のことながら、私は、「それは全く違う」という答えを言いつのり、最終的にはこの日の話は3時間以上かかったと思います。しかも、その途中では、市川氏は、私が反原発の思想を持っていて、その線でデジタル版の原稿を書き、これで取材班、特に市川部長や、鮫島デスクを騙し、本件記事を載せさせたなどということを言い出しました。

これに対して、私は「何言ってんですか！」と回答し、最後は、3時間半が経った頃と思いますが、私が椅子を蹴ってその場を出て、この日の話は打ち切りとなりました。このとき読み聞かされた原稿は、9月12日の朝日新聞の2面に掲載された記事と基本的には同じですが、それよりさらにひどいものでした。その原稿についてて私がまったくでたらめだと主張したので、市川氏が、途中で「あちゃー」と叫び声をあげたのをよく記憶しています。〉

どんなに有能といわれた記者も、組織の論理を優先する立場になれば、あっさりと忠犬に豹変して部下を切り捨てる。東電の事故を「シビアアクシデント」と表現した朝日新聞だが、まさにこの吉田調書の問題は、朝日にとっての「過酷事故」となってしまった。

編集局幹部が「これは取り消しです」

宮崎記者は、記者会見が開かれた11日、会見寸前まで会社から呼び出しを受けている。陳述書より、その部分を紹介する。

〈翌11日には、再度、市川氏から呼出を受けました。当初は、「夕方に来てください」ということだったのですが、実際に呼び込みがあったのは夜の7時でした。

この日も、市川特報部長と藤原GM補佐がいました。このときも、取材の経緯等については全く聞かれないままであり、その前日と同じく原稿を読み聞かされました。この日違ったのは、この原稿について、翌日（12日）の朝刊に掲載されるということを知らされたことでした。私はこれについて「（原稿の内容は）全然違います。

こんなのが載ったりしたら、大変なことになります」と明確に伝えました。

午後7時半ごろだったと思いますが、この日もオブザーバーということで同席していた藤原GM補佐があわてて「本件記事について部分取消しをします」ということを私に伝えました。こういうことは、本来であれば、市川部長が私に伝えることだと思いますが、このときは、なぜか、オブザーバーの藤原GM補佐が伝えてきたのです。

しかも藤原氏の言では、最初、記者会見で「部分取消し」という発表をして、これに対して、会見に来ている記者から「全文取消すべきではないか」という質問が出たら、「全文取消しすることになっています」とまるで「台本」のようなものが出来ているということでした。

この日の夜、木村社長が記者会見するということは聞いていましたが、何の件で記者会見するのかということは聞かされていませんでした。私は、従軍慰安婦の件（8月5～6日に慰安婦検証記事が掲載）か、池上コラム不掲載の件で記者会見をすると思っていたが、まさか吉田調書に関する本件記事を全文取消すなどということ

とは思いもかけないことでした。思わず落涙しかけたことを記憶しています。〉

9月11日の謝罪会見を「指南」したのはK＆Dコンサルティングという代理店だった。経営陣は電通や電通PR出身者で、朝日新聞デジタルのコンサル業務を請け負っていたことから、朝日はこの会社に記者会見の仕切りを依頼したのだった。謝罪会見にも「ノウハウ」がある。木村伊量社長のネクタイは赤、頭を下げる時間は6秒――3度に及んだリハーサルは前日の深夜まで続けられたという。

実は、このリハーサル時点では「吉田調書」の記事取り消しは決定していなかった。木村社長は、「訂正」のつもりでリハーサルに臨んでいた。ところが、編集局内部で「取り消しでなければもたない」との意見が大勢を占める。

〈訂正か、取消しか、なかなか決まらなかった。10日夜から11日未明にかけて、編集担当ら編集幹部の協議で、初報は「所長命令に違反　原発撤退」の1面横見出し部分と「所員の9割」の縦見出し部分が、記事の根幹部分にあたるが、その根幹部分が誤りである以上、記事は取り消さざるを得ないと判断した。そして、記事を取り消すという方針を危機管理に関係していた複数の役員に報告して、了承を得た。〉（PRC＝報道と人権委員会の報告書）

〈ところが翌11日午前1時、社長の木村さんの部屋に編集担当役員の杉浦信之さん、編集局長補佐の長（典俊）さん、社長室長の福地献一さん、広報担当役員の喜園尚史さんがやって来る。

長さんが言った。

「これ、全部白旗です」

「全部だめです。これはもう、取り消さざるをえません」

吉田調書報道に対する編集局としての判断だ、という話だった。議論の末にそう判断したことを長さんは木村さんに説明した。

「え？　なぜ？　さっき訂正で模擬会見をしたばかりだ」と返す木村さんに、長さんは「いや、これは取り消しです」と強く言った。杉浦さんは「私、責任を取って辞

めます」と言った。〉(『週刊金曜日』2020年5月15日号)

現場に押し切られる形で、木村社長は「取り消し」を決断した。朝日の「全面敗北」が確定した瞬間だった。

担当記者が朝日新聞を提訴

朝日は9月12日朝刊紙面で、記事取り消しとおわび、経緯報告を行っている。

そこでは、限られた記者(実際には担当の2人)のみが吉田調書を読んでいた状況で、チェック機能が働かなかったことや、調書の中にあった「よく考えれば2F(福島第二原発)に行った方がはるかに正しいと思ったわけです」「ここがまた伝言ゲームのあれのところで、行くとしたら2Fとかという話をやっていて、退避をして、車を用意してという話をしたら、伝言した人間は、運転手に、福島第二に行けという指示をしたんです」といった吉田所長の発言を紙面で紹介しなかった(デジタル版には掲載していた)のは誤りだったと分析した。

だが、記事を担当した木村記者、宮﨑記者はこの結論に反発。退社後、木村記者が訴訟を起こすことになった。

絶大な信頼を置かれていたエース記者に対する「信用」が仇となった格好だが、結局のところ、記事に問題はあったのか。あったとすれば何が問題だったのか。

木村記者は、裁判でこう語っている。

「制御不能になった科学技術を、誰がどうやって止めるのか。そういうことを問うた記事になります」

9割の所員が、命令に違反して2Fに移動したこと自体を批判する目的ではなく、原発がアンコントロールに陥った場合どうしたらよいのか、という問題提起であったというわけだ。

そのこと自体は、確かに初報の結びに明確に書かれている。しかし、記事を読んだ読者は、記者が意図した問題提起ではなく、「職務放棄していた所員と、それを隠していた東電」という印象を強く持ったはずである。これは、記事が出る前に朝日の各部署から「表現に問題はないか」との懸念が上がっていたことから考えても、おそらく間違いないだろう。

吉田所長がテレビ会議で「構内の線量の低いエリアで退避すること。その後異常でないことを確認できたら戻ってきてもらう」と「命令」したのは、柏崎刈羽メモにもあるとおり、事実と思われる。

だが、それが所員全体に伝わっていなかったとすれば、その事実は書く必要がある。そして、所長の「命令」がどこまで所員に伝わっていたかどうか、記者が事前に確認したかどうかも問われてくる。これは、まさに今回の記事における核心部分となっている。

記者が、記事に「角度」をつけるために、書くべき内容をあえて盛り込まなかったのではないか——。「吉田調書」記事に対する批判の根底には、そうした疑念が横たわっている。

木村記者は「事前に取材したが、命令が伝わっていたという所員は確認できなかった」と説明している。

だが、本当に確認していたのか。この点について、裁判で注目すべきやり取りがあった。２０１９年11月25日の口頭弁論で、被告（朝日）側代理人の質問に木村記者が答えた場面である。長くなるが、今回の問題の本質に触れる場面が多いため、全体を再現してみる。

「残念ながらそこは得られませんでした」

弁護人　それでは、この本件で問題になっている6時42分欄でいえば「構内の線量の低いエリアで退避すること。その後本部で異常でないことを確認できたら戻ってきてもらう」という吉田所長の発言、本件では退避命令とこれから言おうと思いますけれども、これについて記事掲載前に木村さん自身は、まず、そういう所員が吉田所長のいまの待機命令を聞いていたかどうか、具体的に取材したことはあるんですか。

木村　はい。

弁護人　木村さん自身が所員の方に記事掲載前に、この吉田所長の待機命令を聞いていたかどうか具体的に取材されていたんですか。

木村　はい。

弁護人　木村さんが取材した所員さんは、そういうものをご存じだったんですか。

木村　そういう命令があったということについては、そのとおりでございます。ただ、先ほど申しましたように、それを聞いていたにもかかわらず、逃げましたという証言はなかったので、当日の紙面のような形で記事を執筆したということでございます。

弁護人　私がお聞きしてるのは、吉田所長の待機命令、その命令自体を知っていたかどうかについて取材したことはあるんですかとお聞きしてるんです。

木村　はい。

弁護人　それで、知っているというふうに答えた方はいるんですか。

木村　1人おりますね。

弁護人　記事執筆前に吉田所長の待機命令を知っていたと、そういうふうに木村さんの取材に応じた所員さんがいるということですか。

木村　そうです。それは被告(朝日新聞)も認識してるはずじゃないんでしょうかね。

ここで木村記者は、「所長命令を知っていて、2Fに移動した所員が1人いた」と述べている。しかし、裁判所に提出していた準備書面では「命令を知っていた所員はいなかった」と説明していた。

弁護人　これは木村さんが裁判所に出した書類なんだけれども「記事掲載前に取材した所員(福島第一原発勤務。複数)は、上記の吉田所長の待機命令を知らなかった」と、こういうふうに言っているんですけれども、じゃあ、これは違うんですか。

木村　いや、そのとおりです。先ほどの質問の趣旨としては、待機命令を聞いていないのに逃げたという人がいなかったということでございますか。

弁護人　もう1回確認しますけど、私そこで聞き直したんだけれども、待機命令を知っていましたかという木村さんの取材に応じて、待機命令を知っていましたと、そういうふうに答えた方はいらっしゃるんですかと聞いてるんですよ。

木村　それはおりませんでした。

弁護人　じゃあ、記事執筆前に木村さんあるいは宮崎さん、だから取材班のなかの取材において、吉田所長の待機命令を知っていたと、そういうことを言ってくれたかたはいらっしゃるんですか、いらっしゃらないんですか。

木村　それはおりません。

弁護人　いま、先ほど言った「記事掲載前に取材した所員（福島第一原発勤務。複数）は、上記の吉田所長の待機命令を知らなかった」と、こういうことでよろしんですかね。

木村　はい。

弁護人　知りませんでしたと答えた所員さんは複数いたんですか。

木村　そうですね。

弁護人　それはどなたが取材されたんですか。

木村　それは取材班ということですね。

弁護人　木村さんも取材されてるの。

木村　そこはちょっと伏せさせていただきたいです。

弁護人　取材班の人が所員さんに確認したら、そういう待機命令があることは知らなかったという、そういう証言を複数得てたということなんですね。
木村　はい。
弁護人　これは2014年9月3日に宮﨑さんがAさん、Hさん（特報部の記者）に出されたそういうメールなんですが、このメールを読むと、「免震重要棟内のテレビ会議システムがつながった緊急対策本部の部屋と別の部屋にいた中堅所員は、上司に第二原発に行くぞと言われ、バスに乗った。吉田所長の発言は直接聞かなかった」とそういうくだりがあるんですけれども、これは宮﨑さんが記事掲載後に取材した内容ではないですか。
木村　そこは宮﨑さんに聞いていただかないと。
弁護人　木村さんはわからないと。
木村　なんとも答えようがございません。それはAさんに宮﨑さんが送ったメールですよね。それは宮﨑さんに聞いていただければ。
弁護人　じゃあ、木村さんにはそれがわからないということなんですか。

木村　判断ができないということでございます。

弁護人　じゃあ、宮﨑さんから記事掲載後に取材をしたら、いまのような内容だったという話を聞いていないですか。宮﨑さんから木村さんが記事掲載後に中堅所員さんという方に取材したら、こういう結果だったということを宮﨑さんから木村さんは聞いてないんですか。

木村　メモは共有してるはずなので認識はしてると思いますけれども、ちょっと本件のその、メールがどうなのかっていうことは僕はCCが入ってないので何とも判断ができません。

弁護人　私がお聞きしてるのはメールを見たかどうかじゃなくて、宮﨑さんから掲載後に取材したら、いま読んだ内容の結果だったと、そういう内容の証言だったということを聞いてないかどうかというふうにお聞きしたんだけど。

木村　ちょっと明確に覚えてないですね、そこは。

朝日側の弁護人は、木村記者が「所長命令が伝わっていたかどうかを事前に確認していなかったのではないか」というスタンスで追及しているように見える。木村記者の発言もややブレているところがあり、命令の伝達状況について取材を尽くしたかどうか、はっきりとはわからない。

弁護人　本件記事掲載後、比較的直後頃からですかね、6月頃なんですかね、本件記事を補足するというのかな、補充するというのかな、そういう記事を掲載しようと、そういうことを計画されたことはあるわけですよね。

木村　はい。

弁護人　それで、その補足記事の準備の際、所長の待機命令を聞いたとの証言が得られないか、改めて所員に取材すると、そういうことはしませんでしたか。

木村　しました。

弁護人　改めて取材して所長の待機命令を聞いた、知ってた、そういう証言は得られたんですか。

木村　残念ながらそこは得られませんでした。

思わず「残念ながら」と答えてしまったのは本音だろうか。ただ、所員の立場を考えれば、たとえ知っていたとしても、職務放棄との批判を受けかねない証言を自らする理由はないと思われる。

待機命令を知らない所員がいたことは知っていた

弁護人　先ほど示した乙3のメールっていうのはそういう意味での取材での宮崎さんの取材結果ということではないんですかね。

木村　そうだと思いますが、ちょっとそれ以上は。

弁護人　もう一度確認なんですけど、記事掲載後に初めて待機命令を知っていたかどうかということを意識して取材されたということではないんですか。

木村　それは違いますね。

弁護人　原告準備書面6ページを示します。この最終行「朝日新聞は取消記事のなかで『吉田所長の発言を聞いていなかった所員らがいるなか、【命令に違反　撤退】

という記事と見出しは多くの所員らが所長の命令を知りながら第一原発から逃げ出したような印象を与える間違った表現』であるので、本件記事を取り消すとしている」「このうち『吉田所長の発言を聞いていなかった所員らがいる』という部分については、このように認定する根拠が不明である」と、こういう主張を木村さんはされているんだけれども、いまの証言によると、記事掲載前に知らなかったという、そういう結論を得ていたのにそういう主張をなさったたっていうことですか。

木村　もう一回ちょっと整理させていただくと、取材の結果、当該の本件記事になったということでございます。ちょっともう一回見せていただけますか。

弁護人　いまの部分は7ページの部分に。

木村　本件記事を取り消すこととしていると。このうち、吉田所長の発言を聞いていなかった所員がいるという部分については、このように認定する根拠が不明である……

弁護人　という主張をされているんですよ。木村さんがいまいったように、新聞社がその取り消し記事において「吉田所長の発言を聞いていなかった所員らがいるなか」という認定をしたことについて、木村さんの方から吉田所長の発言を聞いていなかった所員らがいるという部分についてはこのように認定する根拠が不明であると、そういう主張をしてるんだけれども、先ほど来の証言から言うと、取材班は記事掲載前に「知らなかった」と言ってた人を取材してたっていうことじゃないんですか。

木村 そうですよ。

弁護人 そういう取材をしていながら、この裁判ではそういう主張、いまのような認定する根拠が不明であると言ったということですか。

木村 まず、吉田さん自身がもうお亡くなりになってます。私たちはどうやって吉田調書の裏を取るのか、確認するかっていうことが重要になってきます。当然、柏崎刈羽で作成したメモには同様な記述があるし、かつ、東京電力自身が15日8時35分から記者会見で同様の発言を発表してるということであって、複数のことを考慮すれば当該本件記事を執筆することについては全く問題がないというふうに特報部長、ゼネラルエディターの判断の下で記事の掲載が決まっていたということでございます。

弁護人　私がお聞きしているのはそういうことじゃなくて、取材班は記事掲載前に知らなかったと言っている、待機命令を知らなかったという所員に取材して、そういう取材をしていたと、そういうふうに証言されましたね、掲載前から。

弁護人　はい。

木村　しかし、この裁判では先ほど読み上げたような、朝日新聞社がそういう認定をするのは根拠が不明であると、そういう主張をしたと、そういうことですね。

木村　書いてるとおり、ちょっと意味が分からない。

弁護人　私がお聞きしているのは、取材で待機命令を知らなかったと、そういう取材、証言を得ていたんでしょう。いまの証言によると、執筆前に。それから、少なくとも吉田所長が「伝言ゲーム」という言葉を使っていることもわかっていたわけですね。それで、私がお聞きしているのは、なぜ待機命令を知らなかった所員がいるということがわかるような、あるいはそういうことを記事に盛り込まなかったのはなぜですかとお聞きしてる。

木村　それはそういう記事じゃないからです。ちなみに参考までに言いますと、紙面のほかに朝日新聞は当時デジタルの方も展開しておりました。そちらのほうでは証言の詳細なものは記載し、いまもそのホームページには載っております。宮崎さんがデジタルの方は主導して、新聞とデジタル、この両方で発信していくということで当時の紙面展開はなされていたということでございます。

弁護人　待機命令を知らなかった所員がいるということは書いてあるんですか。

木村　書いてないですね。

弁護人　なぜそういうことは載せなかったんですかとお聞きしてるんだけど。

木村　それは編集の判断じゃないですか。

弁護人　必要なかったという意味ですか。そういうことを載せる現場の取材記事掲載前に、そういう所員がいるということについては、それを記事に載せる必要がないと、そういうふうに考えたということですか。

木村　その当日の紙面については、そのようなことを伝える趣旨の紙面ではなかったということでございます。

弁護人　本件記事には「命令に背いて」という表現はありませんね。なぜ「背いて」とは書かなかったんですか。

木村　それは逃げたとか、背いて逃げたんだということの証言が取材ベースで取れなかったから、誤解を与えるような表現はやめましょうということで避けました。

弁護人　準備書面真ん中あたりの「もっとも」というところのあとに「所長命令が出されたことが事実であっても、これがどこまで伝わったかはわからないため、実際に掲載された本件記事では、所員が所長命令を認識しながらこれに背いたとは報じていない」と、そういうことですかね。

木村　はい。

弁護人　この見出しに大きく「所長命令に違反　原発撤退」と、こういう見出しがあるんですけれども、これは先ほど言われた編集センターがつけたということはよろしいですかね。

木村　見出しについては、はい。

弁護人　この見出しで出稿されるということについて、木村さんも了解していたということでよろしいですね。

木村　はい。

弁護人　甲1リード部分の5行目、「第一原発にいた所員の9割にあたる約650人が吉田氏の待機命令に違反し、10キロ南の福島第二原発へ撤退していた」と、こういうリード文があって、これは木村さんのほうで執筆したっていうのかな、ということでよろしいですよね。

木村　はい。

弁護人　木村さんとしては、背いたと、そういう表現は使えないけれども、見出しやリード文はこのような表現でもいいんだと、そういうふうに考えたということでよろしいですか。

木村　そのとおりです。

弁護人　繰り返しにはなるんですけれども、吉田調書の待機命令が伝わっていない所員、そういうのが複数いることを取材で分かっていたと。それから、吉田所長自身が「伝言ゲーム」という言葉を使っていたと。そういうことがわかっていたけれども、多くの所員には命令が伝わらずに第二原発に行ってしまったということが分かるような記事にはしなかったと、そういうことですかね。

木村　ちょっと趣旨が分かりませんが、吉田所長が待機命令を出したのは複数の裏付けが取れています。その結果、所員が第二原発に行ったということも事実でございます。それ以上でも以下でもございません。

調査報道の現場に重い十字架

所員に伝わってはいないが、所長命令はあり、結果として所員はそれと違う行動を取った。そうした状況を知りながら「命令に違反し撤退」との見出しをつけるのは、やはりおかしい。記事について「外形的には間違っていない。誤報ではない」とする木村氏の主張は、かなり苦しい印象だ。

大スクープとなる調書を手にした記者が、政府や東電が「なるべく隠したい点はどこか」という視点で内容を読むのは当然である。だが、その調書の価値が大きかったと見られていたがゆえに今回の問題が起きたともいえる。

記者は、最後まで誰にも調書を見せなかったし、少なくとも、調書の内容を確認して記事をチェックして欲しいと要求しなかった。保秘の徹底という理由があったにせよ、そこにある種の功名心があったことは否定できないだろう。朝日の上層部も、大スクープゆえに強く閲覧要求できず、記者を信じるしかなかった。

記事を直接担当した2人の記者は、記事掲載前の段階で、内容を不安視する指摘が内部にあったことを、謙虚に受け止めるべきだろう。いくら記事の意図が別の部分にあったと主張しても、そのように読んでくれない読者が多数いたという現実と向き合うべきである。

ただ、それ以上に責任を問われるのが朝日新聞だ。記事に問題があることがわかった後、現場記者を処分し、その記事を取り消すという措置が必要だったかについてはいまなお疑問が残る。

エース記者を信じたのであれば最後まで記者を守り、責任を取るのは上層部のみという形を取ることもできたはずだった。池上コラム不掲載という大きな問題が同時に起きるという状況のなかで、記者の同意なしに「記事取り消し」を決定した朝日の判断は大きな禍根を残し、調査報道の現場に重い十字架を背負わせることになった。

朝日新聞社のカメラマンが水中のサンゴを自ら傷つけ、自作自演の報道をした1989年の「サンゴ事件」では、「サンゴの傷は30年で癒えても、朝日が受けた傷は半世紀残る」と言われた。

かつてのスクープ記者と法廷対決を余儀なくされた今回の一件は、朝日にとってそれを上回る汚点であり、それは同時に日本のジャーナリズムにとっての悲劇でもあったと言えるだろう。

第七章

「東大卒」減少と「スター記者」不在に見る朝日ブランドの凋落

宝島特別取材班

〈――私は長く朝日新聞におりまして、社内で社外をみておりました。それから20年、社外で朝日新聞をみておりました。（中略）外から見、内から見た朝日新聞というものは実に大変な力のあるものであります。そして大変な信頼と期待とを世間から受けております。これは今日の日本におきまして、一つの独立した朝日王国と誇称してもいいくらいな力をもっているのであります。それだけに朝日新聞の責任は非常に大きい。（１９６６年・美土路昌一社長）〉（『文藝春秋』１９６６年11月号）

半世紀以上前の１９６６年、評論家の草柳大蔵氏は『文藝春秋』誌上で連載した「現代王国論」において、朝日新聞を取り上げている。

そのレポートは冒頭に示したとおり、美土路昌一《みどろますいち》・朝日新聞社長（当時）の全社員に向けた演説に始まっている。美土路氏は戦前に朝日新聞の編集総長をつとめ、戦後、全日空の初代社長に就任。１９６４年に再び朝日新聞に復帰し、社長をつとめた人物だ。

草柳氏は、当時の朝日新聞を「王国（キングダム）」と評し、次のように考察している。
「王国の特徴は、権力者がいかように変わろうと、外敵に敗北を喫しようと、凶作や悪習に見舞われようと、国民の精神構造から誇りと愛着の消えぬことである。朝日人の精神構造にも、まさにその種のものがうかがえるのである。これは一体、どこから来たものなのか」

こうした外部メディアによる「朝日新聞論」の存在は、朝日新聞が戦後日本のジャーナリズムをリードしたある種の権威・権力であり続けたことを如実に示している。昨今、内外から厳しい批判を浴び続けている印象の朝日新聞だが、少なくとも1960年代には、主要な保守系雑誌において朝日の紙面検証は定番企画となっていた。朝日新聞が、行政・立法・司法に続く「第4の権力」の象徴と見られていた証である。

1978年には、月刊誌『現代』(4月号)が激化する新聞販売戦争の内幕と、朝日新聞社の内情を報じている(「朝日新聞の落日――いま何が起こっているか」)。

そこでは、後に『週刊文春』でコラム「読むクスリ」を長期連載することになる元朝日新聞記者の上前《うえまえ》淳一郎氏が登場し、次のように語っている。

「日本でクオリティ・ペーパーといえば、これは朝日しかない。たとえ部数で読売がトップになったとしても、それはクオンティティーでのトップにすぎない。では、朝日のクオリティーとは何か、たとえば役所の記者クラブでの広報担当者の朝日記者への応対ひとつとっても、ほかの各紙への場合とまったくちがっている」

当時の役所や企業の広報担当者は、「朝日がどう書くか」「朝日によく書かれたい」という意識から、朝日の記者の筆法のクセにまで気をつかって、リリースを作成していたというのである。別の言い方をすれば、朝日以外の新聞はほとんどノーマークだったということだ。

名文記者として知られた上前氏は東京外大卒業後の1959年に朝日新聞に入社し、1966年に退社しているが、「社旗をなびかせた黒塗りの車で取材に出たときは、自分以外はまったくバカにみえてしかたがないほど気分の良いものだった」「朝日をやめてフリーになってからは、取材で地下鉄にのるたびに、なぜオレが地下鉄で取材に行かなくてはならないのかと思った」と率直に振り返っている。

朝日新聞記者のエリート意識と「クオリティ・ペーパー」の自負が、いかに強かったかを感じさせる述懐である。

朝日ブランドの象徴だった「東大卒」

前出の2つのレポートは、さまざまな角度から朝日新聞社を取り巻く状況を検証しているが、同社が採用する「人材」に着目して朝日の体質を論じるという視点は共通だ。

「新聞社の財産は人間しかない」と論じる草柳氏は、朝日新聞の記者採用状況を調査し、その「難関」ぶりを伝えている。

当時の受験者数と採用者数を見ると、1965年入社組から67年入社組までの競争率はそれぞれ30倍、56倍、40倍。大学を卒業して以来、朝日に入社したいがために、朝日だけを4年間受け続けてついに入社した「朝日浪人」もいたという。この状況について、草柳氏は「朝日がマスコミの〝東大〟になっている」と指摘した。

1978年に『現代』が特集した記事でも、同社の「東大比率」の多さが検証されている。

戦前の1930年に東京帝国大学(現在の東大)を卒業後、大阪朝日新聞社に入社し、戦後、朝日新聞のヨーロッパ総局長をつとめ「朝日の良心」と呼ばれた森恭三氏は、同誌の取材にこう語っている。

「東大卒のぼくがいうのはおかしいのだが、新聞社に秀才はよくない。排除しなければいけません。いまのように試験を受ける技術ばかりが発達してしまうと、できるだけ東大生をとらぬようにすることが大切になってくる。ものを考える個性の強い人材を集めなくては、新聞社はだめになります。東大出身者が多いのは、頭痛のタネですよ。あれは平均主義者ばかりだから」

森氏自身は「平均主義者」でなかったということなのだろうが、記事によれば、昭和28(1953)年に採用された記者(採用数は不明だが、当時の状況から2桁と思われる)のうち、48人が東大出身だったという。もっとも当時の朝日新聞が、全国紙のなかでも抜きん出て「格上」と見なされていた理由は、東大出身者の多さだけではない。

1977年度新卒見込みの学生5000人による就職人気企業ランキング（リクルート・センター調べ）を見ると、朝日新聞が5位なのに対し読売新聞は35位、毎日新聞は46位。翌年（1978年）は朝日5位、毎日66位、読売70位だった。新聞記者は学生に人気の職種ではあったが、なかでもとくに朝日に入りたいという学生が圧倒的に多かったことを示すデータである。政・官・財と並ぶ、最高の人材を集める企業ブランド力が当時の朝日新聞に備わっていたことは、客観的に見て間違いないだろう。

ある朝日OB記者が語る。

「平成以降、人数としての最大派閥は早稲田になっているはずですが、朝日の社内で出世するのは東大出身者。その意味では、やはり霞が関と同じ構造でしたね」

朝日は戦後のある時期から、「東大卒」か「政治部長経験者」の少なくともどちらか一方の条件を満たす人物が社長をつとめてきた。その「法則」が崩れたのは1999年。九州大学卒で元経済部長の箱島信一氏が社長に就任したときで、このときは業界でも「異変人事」が大きな話題になったという。

【図表1】朝日新聞社の歴代社長（1967年以降）

在任期間	社長	最終学歴	職歴
1967〜1977年	広岡 知男	東京帝大法学部	元経済部長
1977〜1984年	渡辺 誠毅	東京帝大農学部	大阪本社編集局長
1984〜1989年	一柳東一郎	東京帝大文学部	政治部長
1989〜1996年	中江 利忠	東京帝大文学部	経済部長
1996〜1999年	松下 宗之	東京大学文学部	政治部長
1999〜2005年	箱島 信一	九州大学経済学部	経済部長
2005〜2012年	秋山 耿太郎	京都大学法学部	政治部長
2012〜2014年	木村 伊量	早稲田大学政経学部	政治部長
2014〜2021年	渡辺 雅隆	千葉大学人文学部	大阪本社編集局長
2021〜	中村 史郎	東京大学農学部	東京本社編集局長

「朝日の取材力の源泉には、東大生の横のつながりがあると言われていた。例えば雅子皇后に関する報道では、東大時代の〝ご学友〟が社内にゴロゴロいてエピソードには事欠かなかったし、皇族の医療を担当することが多い東大病院にも太いパイプがあり、実際にスクープを取った。もちろん、官僚や検察への取材も学生時代からのつながりがある記者が重要な情報を取ってくるケースが多かった」（前出のOB記者）

少なくともある時期まで、日本のエスタブリッシュメントたちの一角に食い込むには「東大卒」の肩書きはきわめて有効だった。新聞社のなかでも東大出身者が突出して多いことは、朝日ブランドの象徴でもあったのである。

そして東大生はいなくなった

だが、そんな朝日新聞に「東大生」が入らなくなって久しい。

ここに、過去30年に朝日新聞社が採用した東大生、京大生、早大生、慶大生の採用数データがある（次ページ図表2）。数値は『サンデー毎日』『エコノミスト』『大学通信』などに発表されたもので、調査時期によって内定数と採用数が混在している部分はあるが、大まかな傾向は見て取れる。また、２００８年には出版部門ほか関連会社が分社化されているが、グループ会社の採用数も数値に含まれることをお断りしておきたい。

バブル崩壊後、朝日新聞社は採用数を大きく減らしているが、それでも２００５年くらいまでは、おおむね10人以上の東大生を毎年コンスタントに採用していた。

ところが２００５年にわずか３人となった後、東大生は如実に減少。２０１４年にはわずか１人となり、最終的にこの１人は入社しなかったと見られ、週刊誌に『朝

【図表2】大学別採用数

	東大	京大	早大	慶大	入社合計
1991年	10	9	42	15	195
1992年	12	7	45	17	196
1993年	13	10	48	12	174
1994年	19	10	28	7	132
1995年	12	3	22	13	100
1996年	15	6	24	9	116
1997年	10	8	24	8	118
1998年	13	9	17	15	119
1999年	8	8	38	19	163
2000年	10	3	19	11	170
2001年	10	2	12	6	155
2002年	11	3	12	9	160
2003年	10	2	12	6	155
2004年	11	3	12	9	160
2005年	3	5	19	11	140
2006年	7	2	20	11	135
2007年	5	3	16	6	約120
2008年	18	5	12	6	124
2009年	5	3	16	6	約100
2010年	5	1	16	6	約90
2011年	6	4	18	6	79
2012年	5	0	10	5	58
2013年	7	3	12	8	62
2014年	1	4	13	7	75
2015年	6	4	13	9	75
2016年	6	3	12	11	82
2017年	8	2	11	7	78
2018年	1	4	14	17	94
2019年	2	2	10	9	65

日東大ゼロの衝撃』と大々的に報じられた。ちょうど「吉田調書」記事取り消し事件が起きた年のことである。

もちろん、東大生の受験者がゼロだったということではなく、またデータは新卒に限るため、中途で東大出身者を採用している可能性もあるが、少なくとも現在の朝日新聞が「東大生に見向きもされなくなった」会社になったことは間違いない。インターネットが普及してからというもの、これだけ「反日メディア」と叩かれ続けては、朝日に入社するのも勇気がいるということだろうか。

そもそも、新聞社に入社する東大生は現在、かなり少ない。「斜陽産業」のオールドメディアは今後、ステータスも待遇も下がると見られており、地方支局勤務からスタートして、骨の折れるサツ回りを経て本社に上がるという新聞社のシステムは、生まれたときからネットがある若者世代に受けが悪いのはある意味で仕方がない部分もある。

ちなみに昨今、東大生を多く集めている民間企業はアクセンチュアやマッキンゼーといった、実力主義で待遇のよいコンサルティング会社や大手金融機関、そして楽天やサイバーエージェントなどのIT企業である。

数人とはいえ毎年東大生が入社している朝日はまだいいほうで、産経新聞や毎日新聞ではここ10年ほど、入社する東大生は「たまに1人、たいていゼロ」という状態。シンクタンクやビジネス系出版社が毎年発表している「就職人気ランキング」調査を見ても、朝日新聞社は近年、おおむね50～100位の間を推移しており、トップ10の常連だった往年の企業ブランド力は見る影もない。

「スター記者」不在

東大生の「朝日離れ」は、待遇やステータスの低下もさることながら、ジャーナリズムを志す若者の目標となる「スター記者」がいなくなったこともその一因であるといわれる。

世界各国を飛び回り、名文で知性を発揮し、テレビでニュースを解説し、エリート層に大きな影響力を持つ。何より、日本を動かす政治家や高級官僚に対抗しうる、一種の権力性とステータスが朝日新聞には備わっていた。こんな仕事が自分にできたらいいな、と思うのは当然である。

かつての朝日新聞には、そうした「スター記者」が大勢いた。もちろん読売新聞や毎日新聞にも有名な記者はいたが、イメージはどこか泥臭く、朝日ほどの華やかさはない。

朝日新聞は「スター記者」を積極的に育てることで、彼らを目指す優秀な人材が集まることを知り、自然と個人プレーに鷹揚な社風が形成されていった。

朝日の古いOBによれば、いわゆる「スター記者」「名文記者」の流れは3種類に大別されるという。

まず、1つ目が名物コラム「天声人語」「素粒子」の執筆者陣。古くは「天人派」とも呼ばれた。

2つ目は、地方支局で頭角を現し、本社に戻って「連載ルポ」で評判を呼ぶタイプ。特ダネというよりも調査力、視点、読ませる筆力を売りにするタイプで、『カナダ・エスキモー』や『冒険と日本人』などの著作がある本多勝一氏がその代表例だ。

そして3つ目が、海外特派員として活躍し、華麗な国際派記者として世界を飛び回るインテリ記者。これはとくに女子に人気があるタイプだ。

いずれも記者としては認められても、管理職には向かないため出世は見込めないが、それでも「朝日の花形記者」の勲章を手にするほうがよほど大きな財産になるとの考え方もある。

古くはあの夏目漱石や松本清張も籍を置いた朝日新聞社には、戦前から数え切れない名物記者たちがいる。

高学歴の若者が朝日新聞や『朝日ジャーナル』を愛読し、密かにスター記者への憧れを胸に秘め、入社を志す。このサイクルが朝日新聞社をスター記者軍団たらしめていた。これは決して大げさなもの言いではなく、朝日新聞志望の学生の5割以上が「愛読書は本多勝一さんの著作です」という状態が長く続き、朝日内でも「ホンカツ教」と呼ばれていたのは有名だ。

ここでは、朝日新聞の華やかな戦後史を彩った代表的なスター記者たちの系譜を少しばかり紹介しよう。

「天声人語」担当記者列伝

「天声人語」といえば朝日新聞が誇る一面コラムで、初めて掲載された1904（明治37）年以降、1世紀以上にわたる歴史を持つ。だが、その題名の由来ははっきりとしていないらしい。

たとえば読売新聞にも「編集手帳」、毎日新聞にも「余録」というコラムはあるが、「天声人語」の知名度にはとうていかなわず、いまでも「文章のお手本」として、それを書き写すための専用ノートを朝日新聞社が販売しているほどだ。

紙面に筆者の名はないが、「天声人語」の書き手は名文家揃いの朝日のなかでも最高の知性派が選ばれているとされ、まさに「朝日人」の象徴といえるだろう。

戦後、17年以上にわたってこの「天声人語」の書き手をつとめたのは荒垣秀雄氏。従軍記者として活躍し、戦前に社会部長をつとめた記者だが、その功績は多大で1956（昭和31）年に宿敵・文藝春秋が選出する「菊池寛賞」を受賞しているほか、故郷の岐阜県神岡市には記念碑が建てられている。

荒垣氏は「『天声人語』は街路樹である」と語っている。街路樹は人々が行き来するすぐそばに並んでいるが、その場所から世の中を見つめることが大切だ、という意味だ。17年もの間「天声人語」を書き続けたのはもちろん最長記録。荒垣氏は1967年に朝日新聞を退社後、自然保護活動に注力し、日本自然保護協会会長もつとめた。息子も朝日新聞に入社している。

荒垣氏のあとを引き継いだのは入江徳郎氏。東大文学部から朝日新聞に入社。大阪本社社会部次長、『週刊朝日』副編集長、ヘルシンキ五輪特派員などを歴任。その後7年間にわたり「天声人語」の執筆を担当した。

1970年に退社後、入江氏はTBSの「JNNニュースコープ」キャスターに転身。まだ民放の報道部がそれほど盤石でなかった時代、新聞社やNHKからスター記者を借りて（あるいは引き抜いて）報道番組のご意見番として重用するのは定番の手法だったが、その「新聞記者出身キャスター」の草分けとも言えるのがこの入江氏だった。まさにメディアでマルチなタレント能力を発揮した人物である。

入江氏の後の「天声人語」担当者は疋田《ひきた》桂一郎氏。

同氏が若き日に書いた「新・人国記・青森県」（「朝日新聞」1962年11月28日夕

刊）の書き出しは伝説的だ。

〈雪の道を角巻きの影がふたつ。

「どサ」

「ゆサ」

出会いがしらに暗号のような短い会話だ。それで用は足り、女たちは急ぐ。みちのくの方言は、ひとつは冬の厳しさに由来するという。

心も表情もくちびるまでこわばって「ああどちらまで」が「どサ」、「ちょっとお湯へ」が「ゆサ」。〉

疋田氏は2002年に死去したが、「朝日新聞の文体をつくった」と言われるほどの名文家で、ジャーナリストとしても、発表情報に依存する新聞報道のあり方に疑問を投げかける記念碑的なレポートを連発した。

晩年は朝日新聞が批判・追及していたリクルートからスキー旅行の接待を受けていたと雑誌に書かれ、裁判沙汰にもなったが、判決が確定する前に死去した。

「日本の社会は何かあると雪崩現象を起こし、一方向に流れやすい。新聞はこれに待ったをかけることが大事だ」

疋田氏が生前に語っていた言葉である。

疋田氏の後任は深代惇郎《ふかしろじゅんろう》氏。「天声人語」を担当していた期間は3年ほどと短いが、単行本にまとめられた同氏の「天声人語コラム」は、史上最高の売れ行きを誇ったという。深代氏はヨーロッパ総局長をつとめたあと「天声人語」を担当。しかし急性骨髄性白血病に襲われ1975年、46歳の若さで死去した。

「『生』という牢獄の中で、生まれた時から死刑を宣告されて、囚人達はひしめき合っている。一人二人とこの獄から引き出されて知らないどこかへ連れてゆかれるのを見ながら、囚人達は自分の番を待っている」

若き日の深代氏の文章である。

深代氏の後任、辰濃《たつの》和男氏は1975年から実に13年間にわたり「天声人語」を担当した。一橋大学を卒業後、朝日新聞社に入社。社会部、ニューヨーク特派員などを経て、深代氏の後を引き継いでいる。朝日退社後も文章講座や講演活動を行い、エッセイストとして活動。息子の辰濃哲郎氏も朝日新聞社に入社し、父と同じ社会部で活躍したが、取材相手に無断で会話を録音し、それを第三者に提供していた問題で退社している。

ホンカツと筑紫哲也

1970年代以降、新聞記者、ジャーナリストを目指す若者たちに多大な影響を与えた筆頭格ともいえるのが、前出の本多勝一氏である。

後になって、右派から「朝日偏向報道」の元凶として槍玉に挙げられる本多氏だが、少なくとも昭和の時代、その膨大な著作群が世間に与えた影響は非常に大きかった。

本多氏は1932（昭和7）年長野県生まれ。京都大学在学中に探検部を創設、この時代の体験が後の「登山ジャーナリズム」「民族ルポ」につながっていくことになる。

朝日新聞に入社した本多氏は、実地ルポに基づく探検ルポ三部作『カナダ・エスキモー』『ニューギニア高地人』『アラビア遊牧民』を発表。文化人類学的なフィールドワークで未開の地を「探検」する手法はいままでの新聞になかった斬新なスタイルと賞賛され、『カナダ・エスキモー』は前述のとおり文藝春秋の菊池寛賞を受賞している。

記者としての本多氏の評価をさらに上げたのはベトナム戦争報道だった。全共闘運動真っ盛りの時代でもあり、本多氏の主張、視点が時流にフィットしていたことはあるが、読み物として一定のクオリティーがあったのは事実である。

その後、本多氏は「中国の旅」を連載。南京大虐殺に関する記述では後に将校の遺族から訴えられているが、裁判では勝訴している。

ここでは本多氏の著作についての評価は避けるが、確実に言えることは本多氏が朝日新聞の「スター記者」として活躍し、その著作で朝日に大きな利益をもたらしたとともに、朝日新聞の人材獲得、リクルート戦略に大きく貢献したということである。

本多氏とともに知名度、人気面で並ぶのが、2008年に他界した筑紫《ちくし》哲也氏である。いまの若い世代には「キャスターだった人」と思われているケースが多いが、元は「朝日人」。返還前の沖縄に「特派員」として派遣され、政治部、ワシントン特派員、外報部次長など花形ポストを歴任した。朝日新聞在職中にテレビ朝日の「日曜夕刊！　こちらデスク」にキャスターとして出演。このことが後の「キャスター転身」につながっていく伏線となる。

1989年、朝日新聞社を退社し、かねてより誘いを受けていたTBSのニュース番組キャスターとなる。当面のライバルは、古巣が協力するテレビ朝日の「ニュースステーション」だったが、見事に番組を育て上げた。

ときに激しい攻撃性を見せる一方で、テレビ出演を拒む偏屈な本多氏とは対照的に、常識人で社交性があった筑紫氏には「朝日人」に向けられる批判があまり加えられなかった印象もあるが、最後までリベラル、良識派の線を守ったスタンスは、やはり「本籍地・朝日」を強く感じさせるものだった。

女性のスター記者も朝日が「元祖」だ。その草分け的存在といえるのが松井やより氏（2002年に死去）だ。

東京外国語大学英米科を卒業後、1961年に朝日新聞入社。両親は牧師で本名の「松井耶依」も聖書に由来する。松井氏は女性の人権問題に取り組み、在職中に「アジア女たちの会」を設立。戦時中の性暴力の実態解明をライフワークとした。

松井氏とは違うタイプで影響力のあった女性記者に下村満子氏がいる。

下村氏は１９６５年に朝日新聞に入社。慶応大学卒業後、新聞記者を目指すも「女の仕事じゃない」といったん弾かれ、ニューヨーク大学大学院に学び、再挑戦で入社した経歴を持つ、海外特派員や『朝日ジャーナル』編集長もつとめた。

下村氏は１９８２年、女性として初めてボーン・上田国際記者賞を受賞している。いまでこそ、多くの女性記者が海外特派員として派遣されているが、40年前は新聞社に入社するので精一杯という状況だった。下村氏もまた、日本における職業としての女性ジャーナリストの道を切り開いたパイオニアである。

女性ではないが、２０１１年に惜しまれて早期退職した元編集局長が外岡《そとおか》秀俊氏だ。東大在学中に石川啄木をテーマとした小説『北帰行』で文藝賞を受賞。作家の道に進めたはずだが朝日新聞社に入社し、新聞記者の人生を歩んだ。

キャリア官僚試験や司法試験に受かっても朝日新聞社に入社する、そんなケースが昔は珍しくなかった。いまは、そのような選択はほぼ見られない。

エリート集団が内包する内部崩壊のリスク

新聞業界全体の退潮と企業ブランド力の低下が重なり、朝日新聞社の社風にも大きな転換が訪れている。

「やはり、あの吉田調書、慰安婦問題のときに叩かれ続けた影響は大きいですよ」

と、朝日の現役編集委員が語る。

「私が入社したころ、朝日の横浜支局がリクルート事件をスクープした。その後、この問題は政権を揺るがすスキャンダルになり、長期にわたって報道されたおかげで、企業イメージが最悪になったリクルートの社員はこぞって退社したんです。そのときは書かれた会社の社員の気持ちなど気にもかけませんでしたが、直後に〝サンゴ事件〟が起きて、世間から批判される会社の社員の気持ちが初めてわかった。誰だって、上層部が世間に向けて頭を下げているような会社にあえて入社したくないと思います」

時の政権（主に自民党）に対しては、常に厳しい姿勢で臨むのが朝日新聞のスタイルではあるが、近年は「反日記者」とのレッテルを貼られることを恐れ、厳しい質問を投げかけ筆鋒鋭く批評する記者も少なくなった。
「やはり、業界内で評価されたとしても、朝日というだけで偏向、反日と決めつけられることが多くなると、どうしても目立ちたくない、無難に行きたいという記者が多くなる。これではかつてのようなスター記者が出るはずもない。いま、日本でもっとも有名な新聞記者と言えば東京新聞の望月衣塑子《いそこ》記者ですが、それが朝日の記者ではないことが、現在の新聞ジャーナリズムの勢力図を雄弁に物語っているのではないでしょうか」(前出の編集委員)
冒頭に紹介した草柳大蔵氏の「現代王国論」は、「王国の〝美点〟がそのまま〝弱点〟になりうることがある。それがジャーナリズムというものだろう」と指摘している。エリートが集まる組織が常に内包する「内部崩壊」のリスクは、まさにいま、現実の危機として朝日新聞の前に立ちはだかっている。
優れた国家は優れたジャーナリズムを生み、両者は共存しうる――その理想の関係は、もはや存在しない。

執筆者プロフィール（50音順）

中川和馬（なかがわ・かずま）
1975年、宮城県生まれ。早稲田大学卒業後、民間企業、地方紙記者を経て独立。労働問題や司法制度全般についての取材を続けている。

畑尾一知（はたお・かずとも）
1955年、兵庫県姫路市生まれ。淳心学院高校を経て、77年、東京大学文学部を卒業。同年、朝日新聞社に入社。主に販売の業務に携わり、販売管理部長などを務めた。2015年、定年退職。現在はフリーライター。著書に『新聞社崩壊』（新潮新書）などがある。

樋田 毅（ひだ・つよし）
1952年、愛知県生まれ。県立旭丘高校卒。早稲田大学第一文学部卒。78年、朝日新聞社に入社。大阪社会部で朝日新聞襲撃事件取材班キャップ。京都支局次長、和歌山総局長、大阪秘書役など。著書に『記者襲撃　赤報隊事件30年目の真実』（岩波書店）、『最後の社主　朝日新聞が秘封した「御影の令嬢」へのレクイエム』（講談社）など。

平木恭一（ひらき・きょういち）
金融業界紙元編集長。銀行、証券、保険、クレジットカードの取材歴30年。近年は不動産、小売、コンビニなどに取材範囲を広げる一方、投資情報誌の記者として活躍中。著者サイトhttps://www.k-hiraki.com/

宝島社新書

朝日新聞の黙示録
歴史的大赤字の内幕

(あさひしんぶんのもくしろく　れきしてきおおあかじのうちまく)

2021年6月7日　第1刷発行

編　者　宝島特別取材班
発行人　蓮見清一
発行所　株式会社　宝島社
〒102-8388 東京都千代田区一番町25番地
電話：営業　03(3234)4621
編集　03(3239)0646
https://tkj.jp
印刷・製本：中央精版印刷株式会社

ISBN 978-4-299-01646-1